INTELIGENCIA ESPIRITUAL

Romanos 12:2 PDT

No vivan según el modelo de este mundo. Mejor dejen que Dios transforme su vida con una nueva manera de pensar. Así podrán entender y aceptar lo que Dios quiere y también lo que es bueno, perfecto y agradable a él.

Desarrollado por:

José G. Velandia Lozano

Edición en español publicada e impresa por **E**ditorial **B**eraca

Primera edición – 2014

Segunda edición - 2023

Bogotá – Colombia

Edición: José G. Velandia Lozano

Diseño interior: José G. Velandia Lozano

Diseño de cubierta: José G. Velandia

Categoría: Discipulado

Impreso en Bogotá – Colombia

ISBN: 9798339280132

Sur América

A menos que se indique de otra manera, todas las citas bíblicas son tomadas de la versión bíblica Reina-Valera, revisión 1960 y la versión Palabra de Dios para Todos.

Dr. JOSÉ GUSTAVO VELANDIA LOZANO

Después de haber vivido el problema de las adicciones por 20 años ha dedicado tiempo en desarrollar material sobre la familia, prevención y tratamiento de la drogadicción y el alcoholismo. Además, ha impartido talleres de prevención del consumo de drogas, acoso escolar, rebeldía juvenil, noviazgo, familia y neuro liderazgo para ayudar a la familia y sociedad en la prevención del consumo de drogas y otras adicciones en Estados Unidos y Latinoamérica.

En la actualidad es Licenciado en Teología , Doctor Honoris Causa, Ex Asesor Científico en Neuro Adicciones del Consejo Mundial Anti Drogas W.A.D.C y Conacce Chaplains International, Investigador y Divulgador Neurocientífico en Adicciones y Comportamiento Humano, Asesor en Proyectó de Vida para Adictos a las Drogas y el Alcohol, Escritor, Conferencista Internacional, fue Asesor en Prevención del Consumo de SPA y otras Adicciones en Servicio Nacional de Aprendizaje del SENA CFAF, autor del Diplomado de Neuro Transformación para Adictos, fue Profesor en Prevención del Consumo de Sustancias Psicoactivas en varias Instituciones Académicas, fue Delegado Internacional para Colombia de CDHU Ecuador Internacional ONG, Director y Fundador de la Fundación Teoterapeutica Valle de Beraca, Fundador y Director del Neuro Transformation Institute, autor de la Teoría de la Neurotransformación para el Desarrollo Personal en Usuarios de Drogas y del Diplomado Sistema de Alertas Tempranas en Prevención de las Adicciones en la Población Educativa.

INTRODUCCIÓN

Desde hace algún tiempo venimos hablando de la inteligencia emocional hasta el punto de que ya todos sabemos que existe, aunque no estoy seguro de si todos sabemos qué es. La importancia que se le viene dando a la habilidad de observar y gestionar las emociones está llegando a tal punto que se quiere instaurar su enseñanza en los colegios, se quiere introducir en las empresas, se lanzan constantemente cursos y diplomados y se escriben páginas y páginas de teoría.

Y está muy bien, y seguramente volveremos sobre ella en algún momento, sin embargo, ahora vamos a detenernos en una inteligencia no tan conocida: la inteligencia espiritual.

Actualmente el sistema terapéutico a nivel mundial busca aportar soluciones a las problemáticas que se viven en la actualidad; violencia, drogadicción, diferencias étnicas y culturales, poca formación civil, éticas y morales. En donde no se respeta la vida ni los derechos humanos y la sociedad no está satisfecha con los aportes que el sistema ha realizado. Por esta razón el Instituto de neuro transformación busca aportar y ejecutar un nuevo modelo o alternativa de intervención para adictos a las drogas y el alcohol, con el cual se pretende que los estudiantes y padres de los mismos sean capaces de desarrollar las siguientes cualidades:

1. Conocer su propósito de vida
2. Proyecto de vida
3. Tomar dediciones libres, responsables y autónomas
4. Asumir un compromiso de vida
5. Expresar el amor en sus relaciones interpersonales
6. Capaces de asumir un compromiso con la comunidad, la sociedad y su familia
7. Cuidadosos de sí mismos y de su entorno ambiental

La recuperación de una adicción esta en este momento en tus manos. Solo debes convertir tu recuperación en lo mas importante de tu vida. En tus manos esta este manual que una vez puesto en práctica, la adicción pasara a un recuerdo.

José Velandia

contenido

LECCIÓN 1
COMPRENDIENDO EL CEREBRO

El cerebro humano

Para entender este tema es muy importante fijar nuestra atención y tener conceptos básicos sobre el cerebro nuestro protagonista principal: el cerebro humano, ya que es un mandato de partes de Dios cuidarlo, pero como vamos a cuidar algo que hemos ignorado su funcionamiento.

No sólo es el instrumento más funcional y organizado que conocemos, sino que también es el más complejo. Está compuesto de un número de células nerviosas llamadas neuronas que, según cálculos recientes, puede alcanzar un total de unos cien mil millones.

Las neuronas son células especializadas en la recepción y transmisión de información. Por lo general son muy pequeñas. Unas treinta mil de ellas caben en la cabeza de un alfiler.

Cada una de estas neuronas está conectada a cientos o incluso miles de otras neuronas, formando redes extremadamente complejas. De estas conexiones depende nuestra memoria, el habla, el aprendizaje de nuevas habilidades, el pensamiento, los movimientos conscientes y en fin, todo el funcionamiento de nuestra mente.

Estas conexiones se conocen como sinapsis y se desarrollan y modifican a lo largo de la vida de acuerdo al aprendizaje y a las experiencias de la persona. La cantidad total de sinapsis en el cerebro no se conoce, pero es un número casi inimaginablemente elevado. Algunos estimados varían entre 100 trillones (un 1 seguido por 14 ceros) y un cuatrillón (un 1 seguido por 15 ceros). Las neuronas, además de conectarse entre sí también establecen conexiones con músculos y glándulas.

El cerebro humano está formado por miles de millones de neuronas (células nerviosas). Cada una tiene un cuerpo, axón, y muchas dendritas. El cuerpo de las células contiene un núcleo, que controla las actividades de toda la célula y de varias otras estructuras que cumplen funciones específicas.

El cerebro cumple importantes funciones sensoriales sin las cuales nuestra vida sería muy difícil. La misión de la IE Inteligencia es ayudar a desarrollar las habilidades mentales del individuo que se encuentra en un estado de adicción y llevarlos a planificar un proyecto de vida a futuro en nueve áreas específicas:

1- Espiritual
2- Psicológica
3- Biológica
4- Conyugal

5- Intelectual
6- Laboral
7- Social
8- Judicial
9- Familiar

La Inteligencia Espiritual (La Mente de Cristo) es el tratamiento integral del amor de Dios para transformar o renovar la manera de pensar del adicto como lo enseña en (Romanos 12:2). La Inteligencia Espiritual es la respuesta de Dios a la necesidad de realización integral de todo ser humano que está preso por una adicción.

El cerebro humano es muy complejo y cada parte realiza un trabajo específico que, sumado a las del resto, nos hacen funcionar y comportarnos de cierta manera. Quiero hablar de una zona muy especial. Se trata del llamado sistema de recompensa del cerebro, un conjunto de estructuras que, mediante estímulos, nos hace sentirnos bien después de realizar cierta actividad o modifica comportamientos mediante un refuerzo positivo.

Placer y recompensa

El sistema de recompensa del cerebro se activa frente a un estímulo externo y envía señales mediante conexiones neuronales, para que se liberen a los neurotransmisores responsables de sensaciones placenteras como la:

1- Dopamina – Representa el placer
2- Adrenalina – Representa la acción
3- Serotonina – Representa la satisfacción
4- Oxitocina - Representa el amor (Ágape, Eros y Filial) y es la que se encarga de sanar el dolor emocional.

Su objetivo es claro: hacer que queramos repetir uno o más comportamientos, como forma de asegurar la existencia. Por ejemplo, la sensación placentera que sentimos al tener sexo o comer algo delicioso, hace que queramos repetir la acción, asegurando la supervivencia de la especie mediante la reproducción y/o consumo de alimentos, al igual que las adicciones son acciones que el individuo quiere repetir continuamente, porque precisamente les producen placer.

Pero este sistema no sólo se activa ante comportamientos básicos para la especie, sino que también al desarrollar otras acciones que nos hacen sentir bien y benefician al resto.

Asimismo, el sistema de recompensa del cerebro tambien es capaz de liberar dopamina ante acciones que no son beneficiosas, como actitudes riesgosas y experiencias dolorosas, que bien pueden convertirse en placer (recuerda que el dolor puede ser placentero).

¿Cómo está formado?

A diferencia de otras actividades, como por ejemplo el habla o pensamiento lógico, el sistema de recompensas no está centralizado en solo una zona del cerebro, sino que está compuesto principalmente por cinco áreas con una función clara:

- Amígdala - Regula emociones
- Núcleo Accumbens - controla la liberación de dopamina
- Área Tegmental ventral - libera la dopamina
- Cerebelo - controla las funciones musculares
- Glándula Pituitaria - libera beta endorfinas y oxitocina, responsables del alivio del dolor, emociones como el amor y los lazos positivos, entre otras cosas.

Todas estas zonas del cerebro funcionan como un circuito bien aceitado que capta la acción y genera la sensación de placer, todo mediante un proceso veloz que toma parte en estas diferentes estructuras cerebrales.

El sistema de recompensa no sólo responde con placer o bienestar ante una acción o actitud, sino que también es responsable de aprender ese comportamiento para luego repetirlo, asociándolo a la sensación agradable (como lo son las adicciones en general).

Sabemos por ejemplo (comprobado científicamente) que ciertos casos de artritis tienen su origen en problemas emocionales; artritis producida por un esquema de pensamiento, donde vemos como las emociones influyen en el cuerpo hasta el punto de hacer que los huesos puedan "torcerse"; sabemos que el 80% de las enfermedades son sicosomáticas; es decir se originan en la mente.

En la Era del consumismo y la cultura que se ha creado frente al consumo de sustancias psicoactivas, la neuro transformación para adictos es un reencuentro entre el conocimiento y la fe. El hombre moderno, poseedor como nunca de una gran gama de información, teniendo a su disposición elementos sofisticados para comunicarse, descuida por momentos la capacidad para dialogar consigo mismo y ver el aspecto trascendente propio.

La neuro transformación para adictos no sólo está relacionada con la renovación del pensamiento o curación de todos lo que en el hombre y en la sociedad es patológico, sino también para promover una nueva forma de vida, una vida en plenitud. Veamos a continuación tres áreas que serán restauradas en el adicto a través de la transformación de su pensamiento:

1. EL SER HUMANO

1 de Tesalonicenses 5:23.
Y el mismo Dios de paz os santifique por completo; y todo vuestro ser, espíritu, alma y cuerpo, sea guardado irreprensible para la venida de nuestro Señor Jesucristo.

2. EL PORQUÉ DEL DESEQUILIBRIO

El consumo de drogas y otras adicciones afectan negativamente las tres áreas o dimensiones del consumidor. Dios nos diseñó espíritu, alma y cuerpo (1 Tesalonicenses 5:23). El hombre es una triple unidad; las cosas que afectan el espíritu afectarán el alma y a su vez al cuerpo. Esta relación determina el comportamiento del hombre. Veamos a continuación detalladamente el funcionamiento individual de cada área:

1. Dimensión Espiritual
2. Dimensión del Alma (psicológica)
3. Dimensión del Cuerpo

1- FUNCIONES DEL ESPÍRITU

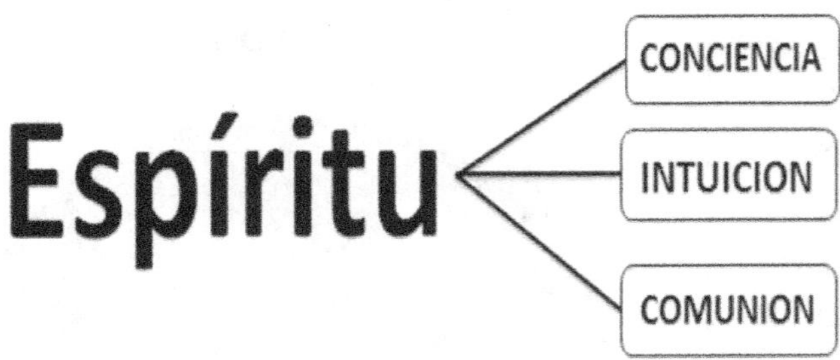

Nuestra dimensión espiritual está diseñada para relacionarnos y comunicarnos con Dios. La mayor necesidad del espíritu es recibir vida a través de Jesucristo. El espíritu es la parte inmaterial del hombre donde residen las facultades de un hijo de Dios, que le permiten percibir el mundo espiritual y está compuesta por conciencia, intuición y comunión.

Dios diseñó al ser humano de tal manera, que su espíritu debe ser quien lo dirige, y no el alma. La comunión es la capacidad de estar en contacto con Dios a través del cuerpo común del que forman parte, el cual es Jesucristo (Romanos 12:4-5 y 1 Corintios 12:12, 27).

La intuición es la capacidad para conocer los pensamientos que Dios tiene para con nosotros. La conciencia es la capacidad para ordenar al alma obedecer la voluntad de Dios.

FUNCIONES DEL ALMA

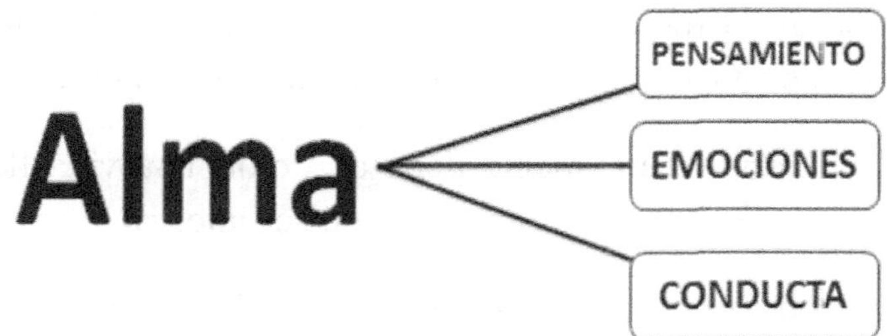

Nuestra dimensión psicológica, también conocida como nuestra alma, está diseñada para relacionarnos y comunicarnos con otras personas y es la parte inmaterial del hombre que contiene los atributos esenciales de la personalidad: mente (Nous en Griego, que significa "Entendimiento"), emociones y voluntad. Somos el resultado de lo que hemos heredado y vivido. Las raíces de amargura resultantes de vivencias negativas afectan nuestra manera de pensar, de sentir y de actuar. Es por esto, que nuestra alma necesita recibir sanidad divina.

2- Funciones del Cuerpo

Nuestra dimensión física, también conocida como nuestro cuerpo, está diseñado para interactuar con el medio ambiente. Es la parte material del hombre expresada en su composición orgánica y estructura funcional. Más específicamente, nuestro cuerpo tiene una organización estructural (anatomía), funciones naturales (fisiología) y composición orgánica (morfología). Es el cuerpo el que resiente los daños espirituales y psicológicos, que se manifiestan mediante todo tipo de enfermedades.

En su diseño original el hombre disfrutaba de una plena relación integral con Dios. Sus tres dimensiones, espíritu, alma y cuerpo, funcionaban armónicamente. Cuando el hombre pecó murió espiritualmente y el alma tomó las funciones del espíritu. Desde entonces vive limitado al mundo natural e imposibilitado de unirse a la vida sobrenatural de Dios, hundido en un desequilibrio que no tiene solución basada sólo en capacidades humanas.

¿En qué consiste el desequilibrio?

Como consecuencia de la muerte espiritual del hombre, en el espíritu se consumó la muerte y separación de su Creador, resultando en una dimensión completamente vacía.

En el alma priva una crisis permanente llena de dolor, una vida llena de conflictos y esquemas mentales que limitan el desarrollo como ser integral.

Finalmente, el cuerpo sufre todo tipo de enfermedad como consecuencia de este desequilibrio.

El adicto está viviendo en dos de sus tres dimensiones básicas:
Habiendo sido diseñado para vivir en función de sus tres áreas básicas, espíritu, alma y cuerpo, el consumidor de drogas siempre va a vivir en dos, (alma y cuerpo) e intenta sustituir desde su alma, lo que puede recibir de Dios a través del espíritu; esta situación produce en él una descompensación que le lleva a estar esclavo del consumo de drogas y otras adicciones.

LECCIÓN 2
QUÉ ES LA NEURO TRANSFORMACIÓN

es un enfoque que integra principios de la neurociencia con prácticas espirituales para facilitar cambios profundos en el cerebro y la conciencia. Este concepto sugiere que las experiencias espirituales y las prácticas como la meditación, la oración y la reflexión pueden tener un impacto tangible en la estructura y función del cerebro, lo que a su vez puede llevar a una transformación en la manera en que una persona percibe el mundo y a sí misma.

Este enfoque se basa en la idea de que el cerebro es plástico, es decir, capaz de cambiar y adaptarse a nuevas experiencias. La neurotransformación espiritual busca utilizar esta plasticidad para promover un desarrollo personal y espiritual, logrando una mayor paz interior, compasión, y un sentido de propósito y conexión con algo más grande que uno mismo.

Este concepto se aplica en contextos terapéuticos, de crecimiento personal y en prácticas de liderazgo espiritual, y es utilizado para ayudar a las personas a superar bloqueos mentales, adicciones, traumas y otros desafíos, al mismo tiempo que se fomenta un sentido más profundo de bienestar y realización.

¿POR QUÉ ES IMPORTANTE CADA CITA PERSONAL?

Porque se centra en las necesidades específicas del estudiante y permite enfocar problemas que no salen a la superficie en una reunión grupal o ministerial. Cada adicto tiene un mundo propio que considera muy importante, el cual se debe conocer si deseamos brindarte una ayuda adecuada. Esta ayuda es efectiva, cuando se da sobre bases individuales. El mensaje de Jesucristo no sólo lleva una dirección, sino que es comunicación ida y vuelta; se fundamenta en hablar con la persona.

BENEFICIOS AL RECIBIR EDUCACIÓN EN INTELIGENCIA ESPIRITUAL

Los estudiantes que reciben esta información anhelan sus clases personales porque en la medida que avanzan van conociendo la voluntad de Dios para sus vidas. Los beneficios son múltiples y los podemos agrupar en siete:

1. Recibir alimento espiritual. Alimentarse con la palabra de Dios y aprender a alimentarse por sí mismo (1 Tesalonicenses 2:13).
2. Recibir protección. Se aprende a discernir la voz de Dios en medio de las demás voces y a estar atentos a sus vidas y a las circunstancias que están enfrentando (1 Tesalonicenses 2:7).

3. Recibir dirección. Más que "decirle qué hacer", es confrontar su realidad ante la Biblia y guiarla a que la persona misma tome decisiones (1 Tesalonicenses 2:12).
4. Recibir corrección y disciplina. Se permite que el Espíritu Santo muestre la necesidad y estado real del estudiante para actuar genuinamente de la mano de Dios (1 Corintios 4:21).
5. Recibir consuelo. Hay momentos en que lo único que podemos hacer por la persona es consolar su llanto y compartir su dolor con sensibilidad (1 Corintios 1:3-7).
6. Restauración. Se le enseña al estudiante a usar las derrotas para aprender, proyectarse y madurar como persona y como hijo de Dios, sacándolo de su realidad y llevándolo a la verdad (1 Tesalonicenses 2:11).
7. Elaborar un proyecto de vida. Ayudarle al estudiante a diseñar su propio proyecto de vida basado en su talento, vocación y hobbie y así pueda ver el fruto que Dios tanto anhela en nosotros. (1 Juan 2)
El tratamiento se inicia cuando el adicto acepta que el problema no es solo psicosomático, sino que debe tomar una decisión a nivel espiritual y continúa con el proceso de sanidad, restauración y formación a Su imagen y semejanza.

El próximo test de evaluación, es para identificar las áreas que están deterioradas en el estudiante. El reto del neuro educador en adicciones es de ayudar a subir en la escala a 10 puntos. Una vez terminado el proceso, el estudiante queda con hábitos saludables y con un proyecto de vida con metas a corto, mediano y largo plazo en las 9 áreas.

TEST DE EVALUACIÓN PERSONAL

Educador: ____

Estudiante: ____

Como están sus áreas:

Espiritual (relación con Dios) 1 ___ 2 ___3 ___ 4 ___ 5 ___ 6 ___ 7 ___ 8 ___ 9 ___ 10 ___

Observaciones:

____

____

Psicológica (control de las emociones) 1 ___ 2 ___3 ___ 4 ___ 5 ___ 6 ___ 7 ___ 8 ___ 9 ___ 10

Observaciones:

____

____

Física (Enfermedades) 1 ___ 2 ___3 ___ 4 ___ 5 ___ 6 ___ 7 ___ 8 ___ 9 ___ 10 ___

Observaciones:

____

____

Intelectual (capacitación) 1 ___ 2 ___3 ___ 4 ___ 5 ___ 6 ___ 7 ___ 8 ___ 9 ___ 10 ___

Observaciones:

____

____

Sentimental (Relación conyugal) 1 ___ 2 ___3 ___ 4 ___ 5 ___ 6 ___ 7 ___ 8 ___ 9 ___ 10 ___

Observaciones:

____

____

Social (relaciones interpersonales)1 ___ 2 ___3 ___ 4 ___ 5 ___ 6 ___ 7 ___ 8 ___ 9 ___ 10 ___

Observaciones:

____

____

Laboral **1 ___ 2 ___3 ___ 4 ___ 5 ___ 6 ___ 7 ___ 8 ___ 9 ___ 10 ___**

Observaciones:

____

____

Judicial (Antecedentes Judiciales). **Sí ____ No____**

Observaciones:

____

____

Familiar (relaciones familiares) 1 ___ 2 ___3 ___ 4 ___ 5 ___ 6 ___ 7 ___ 8 ___ 9 ___ 10 ___

Observaciones:

____

____

LECCIÓN 3
PRINCIPIOS PARA SUPERAR UNA ADICCIÓN
(PRIMERA PARTE)

Texto Bíblico:

Efesios 2:8-9.

"Porque por gracia sois salvos por medio de la fe; y esto no de vosotros, pues es don de Dios; no por obras, para que nadie se glorié".

Propósito de esta lección
Presentar el primer paso para confrontarte a ti mismo de una manera Bíblica

Introducción
La decisión más importante que se debe tomar en la vida tiene que ver con el deseo de seguir el plan de Dios para tu vida, tal y como está revelado en la Biblia. Esta decisión impacta directamente tu vida diaria y tu destino eterno.

Desarrollo

Aunque la vida eterna es un regalo, muchos la rechazan

1- **Si aún no tienes una sincera, franca, pura, genuina, relación personal con el Señor Jesucristo, tienes un problema espiritual que solo Dios puede resolver. Sin esta relación con Jesús, tu:**

a. Estas alejado sin esperanza de Dios.
b. Estas espiritualmente muerto en tu propio pecado.
c. Eres hostil a los principios de Dios.

d. No tienes el poder para librarte del control del pecado sobre tu vida.
e. Eres incapaz de entender las cosas de Dios.
f. Eres incapaz de agradar a Dios o andar en su camino.
g. Eres incapaz de vivir una vida espiritualmente fructífera y significativa

2- **La respuesta de Dios a tu problema se basa en Su carácter**

a- Por otro lado, Dios es amoroso y no quiere que perezcas en tu pecado, así que Él te atrae hacia su Hijo, Jesús.

3- **La respuesta a tu problema espiritual se encuentra en Jesucristo.**

a- Por Su gracia y misericordioso amor, Dios dio a Su hijo unigénito, Jesús, como la única respuesta a tu condición espiritual sin esperanza.

b- la misericordia de Dios, Jesús pago todo el precio de tu redención al morir en la cruz por el castigo de tu pecado.

c- Dios acepto y aprobó el sacrificio de la muerte de Su hijo por tu pecado al resucitar a Jesús de los muertos. Jesucristo vive eternamente, esta con Dios, y es Señor de todo. Por su muerte y resurrección, el Señor Jesucristo es victorioso sobre el pecado y la muerte espiritual.

d- A través de Jesús, puedes:

- Tener el perdón de tus pecados y ser reconciliado con Dios. Experimentar un nuevo nacimiento Espiritual.
- Recibir por fe el regalo de la vida eterna, por Su gracia.
- Tener acceso directo a Dios.
- Ser un miembro de la familia de Dios.
- Entender las cosas de Dios.
- Llegar a ser una nueva persona con la capacidad para vivir de una manera totalmente distinta.
- Ser capacitado para cambiar, madurar a la semejanza de Cristo, tener un conocimiento íntimo de Dios que va en aumento.

4- Dios te da el poder para elegir Su solución para tu problema espiritual.

a- Cuando reconoces el amor de Dios y aceptas Su Verdad tal y como está revelada en Jesucristo, serás capacitado por la fe para:

b- Creer en Jesucristo quien una vez y para siempre se ofreció a Si mismo como un sacrificio por tu pecado.

  - Arrepentirte de tu pecado.
  - Creer de todo corazón que la sangre de Jesucristo que fue derramada en la Cruz da el perdón para tu pecado; así mismo, creer que Dios levanto de los muertos a Jesús para que puedas caminar en una nueva vida.
  - Recibir sinceramente a Jesucristo en tu vida, y como una nueva criatura, vivir en obediencia fiel y amorosa a la Palabra de Dios.

c- Si rechazas la Verdad de Dios al no arrepentirte de tu pecado y en consecuencia no recibes el regalo de la vida eterna a través de Jesucristo, permanecerás:

- Ignorante acerca de la verdad que pregono Jesucristo.
- Sin poder para vencer el pecado en tu vida.
- Con la garantía de que aumentaran para ti la angustia, los problemas y las dificultades.

d- Si decides alterar el plan de Dios de la Salvación en Jesucristo para acomodar:

Tu propia sabiduría que es inadecuada para conocer a Dios. Tus propios pensamientos que son contrarios a los caminos de Dios, o tus propios deseos que son contrarios al Espíritu de dios.

Entonces te colocas bajo la condenación de Dios.

e- **Por la fe, puedes dar el primer paso del cambio bíblico.**

- Si nunca has dado este primer paso
- para cambiar Bíblicamente, puedes hacerlo ahora mismo. Simplemente dile a Dios que sabes que eres un pecador y que necesitas de Su perdón para tu pecado. Reconoce que ni tu ni nadie puede salvarte sino solo Dios a través del sacrificio de la Cruz del calvario y que allí murió y resucitó al tercer día de los muertos para que puedas tener una nueva vida. Por la fe, recibe a Jesucristo como Salvador y agradece a Dios por Su gracia y amor hacia ti por medio de Jesús. Con un corazón sincero y arrepentido, demuestra tu compromiso con El siendo obediente a Su Palabra.
- Debes entender que la manera que tiene el hombre de resolver problemas es insuficiente en comparación a las soluciones de Dios.

f- Hay dos razones por las cuales se ha explicado en detalle el plan de salvación

- Para comenzar, es esencial que entiendas el principio espiritual que afirma que no hay sabiduría, filosofía, maquinaciones, procedimientos, manipulaciones y sinceridad del hombre que pueda reemplazar el plan de salvación en Cristo Jesús. Cualquier persona que diga que ha tomado un camino diferente para la salvación, excepto a través de Jesucristo, se asemeja en la Palabra de dios a un ladrón y salteador.
- La siguiente razón es consecuente con la primera y sigue el mismo principio básico espiritual. Los problemas provocados por el hombre, como resultado de su pecado de desobediencia en el jardín del Edén, no pueden ser solucionados por los pensamientos y filosofías del hombre, a pesar de los intentos inútiles de mezclar la Palabra de Dios con doctrinas o suposiciones no regeneradas.
- Esta incapacidad se nota especialmente cuando te das cuenta de que la Palabra de Dios afirma ser totalmente suficiente para resolver todos los problemas de la humanidad.
- Al solo tratar los problemas básicos de rebelión y desobediencia, de una manera superficial, la sabiduría del hombre busca impedir la voluntad y el plan de Dios de traerle a un conocimiento salvador en Jesucristo y a una dependencia subsiguiente de la Palabra de dios para cada área de la vida.
- La Palabra de Dios es la única fuente para hallar las soluciones de Dios a los problemas reales que atormentan a la humanidad.

g- En tu búsqueda de una forma de vida abundante, gozosa y pacífica, necesitas entender la diferencia entre el camino del hombre y el camino de Dios.

h- La diferencia principal es que el camino del hombre está orientado al yo, para: agradarse, confortarse, depender de sí mismo, satisfacerse, perdonarse, exaltarse y amarse a sí mismo. Eso se describe en la Biblia como el viejo hombre.

i- El camino de Dios es para regenerarte y cambiarte, al: despojarte de la vieja naturaleza y revestirte de la nueva naturaleza y Renovar el espíritu como parte del proceso continuo de madurez en la semejanza de Jesucristo.

j- Darte el poder y la fortaleza para madurar al: Negarte a ti mismo y seguir a Jesús, poner a un lado o quitar las viejas prácticas de la vieja naturaleza y caminar de una manera digna que agrade al Señor en todas las cosas.

k- El plan de Dios, en lugar de las ideologías o filosofías que se enfocan en el yo, establece tu verdadera posición en Cristo y da la provisión para que puedas ser:

- Perdonado de todos tus pecados
- Un hijo heredero de Dios y coheredero con Jesucristo
- Un ciudadano del cielo, bendecido con toda bendición espiritual y completo en Cristo Jesús
- fuerte en el Señor como un miembro funcional del cuerpo de Cristo que está madurando
- Más que vencedor, ya que ha sido liberado de la esclavitud del pecado y del dominio de las tinieblas y trasladado al reino de Dios Romanos 8:37.
- Un embajador de Cristo, un miembro del linaje escogido, un real sacerdocio, un ciudadano de una nación santa, una posesión de Dios, y un templo santo del Espíritu Santo
- Transformado por la renovación de la mente, llevando todo pensamiento cautivo a la obediencia en Cristo Jesús
- Lleno de Su paz
- Transformado por la Palabra de Dios
- Guiado por el Espíritu de Santo para entender el reino de Dios Capaz de lograr o soportar cualquier circunstancia en la voluntad de Dios para ti a través de Jesús, sabiendo que Dios está en control total de tu vida y capaz de practicar el amor bíblico, probándote a ti mismo que eres un discípulo de Cristo

TALLER DE REPASO

1- Escribe con tus propias palabras, el significado de Efesios 2:8-9 y memorizarlo.

2- Describe cómo puedes tener vida eterna a través de Jesucristo.

3- haz una explicación escrita de cómo puedes saber con certeza que tienes vida eterna.

4- Subraya los versículos de referencia en tu Biblia y repásalos.

LECCIÓN 4
PRINCIPIOS PARA SUPERAR UNA ADICCIÓN
(SEGUNDA PARTE)

Texto Bíblico:
Mateo 7: 1-5

No juzguéis para que no seáis juzgados. ¡Hipócrita! Saca primero la viga de tu propio ojo, y entonces veras bien para sacar la paja del ojo de tu hermano.

Propósito de esta lección:

Explicar el proceso bíblico que se inicia en el momento en que recibes la vida eterna, por la gracia y misericordia de Dios y demostrarte la importancia dela auto confrontación para el discipulado personal, y para ayudar a otros a cambiar Bíblicamente

Introducción
El proceso del cambio bíblico, explicado en la Palabra de Dios, comienza cuando te arrepientes de tus pecados y crees en el Señor Jesucristo, Dios te ha dado todo lo que necesitas para hacer los cambios en tu vida que a Él le agradan y que te encaminan hacia Sus bendiciones. Mientras continúas obedeciendo la Palabra de Dios, el cambio bíblico hacia la madurez seguirá ocurriendo en tu vida hasta que veas a Jesús cara a cara.

Propósito de esta lección:

Explicar el proceso bíblico que se inicia en el momento en que recibes la vida eterna, por la gracia y misericordia de Dios y demostrarte la importancia de la auto confrontación para el discipulado personal, y para ayudar a otros a cambiar Bíblicamente.

Desarrollo

1- El proceso de cambio bíblico duradero se inicia cuando reconoces el Señorío de Jesucristo en tu vida.

a- La perspectiva de Dios y tu seguridad – Puedes cambiar Bíblicamente, después de creer sinceramente y de todo corazón en Jesucristo como tu Salvador, porque tienes una relación diferente con Dios y puedes tener una visión diferente de ti mismo, de otros y de tus problemas.

b- Eres declarado justo a través de Jesucristo, sobre la base de la fe y no estas bajo el juicio de la ira de Dios.

c- Estas en paz con Dios, porque has sido reconciliado con El, a través de Jesucristo, y estas totalmente justificado delante de Dios.

d- Ya no estas separado de Dios, ni eres un extraño a Su familia. Has sido adoptado en Su familia, eres coheredero con Cristo, y recibes Su cuidado amoroso para siempre.

e- Se te ha dado el regalo de la vida eterna, y tienes la certeza de que Dios continuara Su obra en ti, hasta que estés en Su presencia.

f- Debido a lo que Dios ha hecho en por ti, a través de Jesucristo, puedes tener confianza de que Él te ayudara en todas y cada una de las circunstancias de la vida.

g- Como hijo de Dios, eres una nueva criatura. Ya no necesitas estar esclavizado al pecado, sino al contrario, debes ser esclavo de la justicia. Has sido liberado para servir al Señor y a los demás.

h- Tienes la promesa de Dios de que Él te hará capaz de manejar cualquier problema que venga a tu vida. Además, ya no tienes que ser derrotado por cualquier problema, porque Dios no lo permitirá que ninguna dificultad en tu vida te pueda derrotar. Además, El obrara activamente en cada dificultad para tu bien, al continuar tu andar en Su camino.

i- Ahora tienes la capacidad de entender que Dios utiliza las pruebas y problemas como oportunidades para el crecimiento espiritual.

j- Puedes tener confianza ya que Jesús nunca te dejara. Él tiene conocimiento sobre todos los problemas que enfrentaras, y te muestra Su misericordia. Más aun, te invita a acercarte confiadamente a Él por Su gracia y ayuda en tiempo de necesidad.

2- La suficiencia de Dios y tus recursos – Después de reconocer la autoridad de Jesús, un creer sincero y de todo corazón, puedes cambiar Bíblicamente porque el poder de Dios está disponible para ti.

a- El Espíritu de Dios mora dentro de ti, siempre listo para enseñarte las verdades de Dios, para fortalecerte, para interceder por ti, para ayudarte a discernir entre la verdad y el error, y para desarrollar en tu vida un carácter como el de Jesucristo.

b- La Palabra de Dios tiene el poder para cambiarte, darte esperanza y de aconsejarte en cualquier situación.

c- En lugar de depender de la sabiduría de este mundo que es insensata, o de tus propias ideas, que son inadecuadas, o de tu propia fuerza que es inútil, puedes tener la sabiduría de Dios, el poder que Él te da y Su suficiencia en cada circunstancia de la vida.

d- Jesucristo siempre permanecerá contigo, te sostendrá y te cuidara. Jesús es, y siempre será, tu defensor e intercede incesantemente ante Dios Padre en tu defensa.

3- El propósito de Dios y tu enfoque – Después de recibir a Jesús, puedes cambiar Bíblicamente, porque Dios te da un propósito diferente para vivir.

a- Debes adorar y servir a Dios agradándole en todo mientras estas siendo conformado a la imagen de Jesucristo, el primogénito entre muchos hermanos. Como un miembro responsable de la familia de Dios, debes darle la gloria en todas las cosas. Ahora puedes ser un esclavo de la justicia divina y ser un embajador de Jesucristo.

b- En vez de vivir para ti mismo, puedes enfocarte en aprender hacer morir al yo. Al seguir a Jesús, debes perder tu vida por causa del

Señor. Este cambio de lealtad es demostrado por expresiones prácticas de amor a Dios y a los demás.

4- El plan de Dios y tu obediencia – Bíblicamente puedes cambiar después de recibir a Jesús, al obedecer los preceptos bíblicos que se dan para lograr estos cambios.

a- El cambio bíblico en ti es originado soberanamente, mantenido y completado por Dios. Siempre va vinculado a tu obediencia a la Palabra de Dios. Tu obediencia a Su Palabra es una respuesta de gratitud al amor de Dios que esta revelado en Jesús; esta no debe depender de las circunstancias, de tus sentimientos o de otras personas.

b- El compromiso de agradar a Dios comienza con el auto confrontación Bíblica. El confrontarte Bíblicamente te hará capaz de desarrollar y practicar planes para el cambio en tus pensamientos, en tus palabras y acciones.

5- El proceso del cambio bíblico finaliza cuando entres a la comunión eterna con El, y con aquellos que, a través de la historia, han sido redimidos por el sacrificio de Jesucristo en la Cruz del Calvario.

a- El creyente en Cristo tiene ahora una relación eterna con Dios, seguirá morando en el cielo con El y se le promete lo siguiente:

- Te encontraras con Jesús cuando regrese con poder y gran gloria.
- Puedes esperar confiadamente la transformación de tu cuerpo terrenal de carne corruptible, a un cuerpo inmortal, incorruptible y glorificado.
- Puedes tener la seguridad de vivir con Jesucristo para siempre en una ciudad celestial y eterna, no hecha con manos de hombre.
- Serás parte de la gran multitud de hermanos y hermanas justificadas en Cristo, que moraran en paz y gozo para siempre, donde no habrá más lágrimas, tristeza o tinieblas.

TALLER DE REPASO

1- Con tus propias palabras, escribe el significado de ***Mateo 7: 1 y 7:5*** y comienza a memorizar ***2 Timoteo 3:16-17.***

2- ¿Cuál crees que es el propósito de Dios para tu vida?

3- Cuál es el compromiso que debes tener con Dios, según lo que viste en esta lección.

4- Cuáles son los pasos que se deben seguir para reinar con Jesucristo.

LECCIÓN 5
VIVIR CON UN PENSAMIENTO LIBRE DE ADICCIONES
(PRIMERA PARTE)

Texto Bíblico:

2 Timoteo 3:16-17

Toda la Escritura está inspirada por Dios, y útil para enseñar, para redargüir, para corregir, para instruir en justicia, a fin de que el hombre de Dios sea perfecto, enteramente preparado para toda buena obra.

Propósito de esta lección:
Mostrarte los recursos de Dios que te habilitan para vivir como Dios quiere; y proveerte la oportunidad de elaborar tu propio testimonio personal de la gracia y misericordia que se te ha dado a través del sacrificio de Jesús en la Cruz del Calvario.

Introducción
Aprender a vivir según el camino de Dios, requiere que respondas a la Salvación divina, a través de Jesucristo. Después, debes iniciar una nueva forma de vida basada en la verdad, recursos y sabiduría del Señor, en vez de la sabiduría, filosofía o experiencia propia o la de otra persona.

1- **La Palabra de Dios es**:

a- Permanente y eterna

- Toda se cumplirá
- Los cielos y la tierra pasaran, pero la Palabra de Dios no pasara
- Permanecerá para siempre
- Es para siempre y eterna

b- Inspirada por Dios para entrenarte y equiparte

- Santos hombres de Dios hablaron siendo inspirados por el Espíritu Santo La Palabra inspirada de Dios da un nuevo patrón de vida
- Te instruye
- Te corrige
- Te da discernimiento espiritual
- Te hace apto, listo y capaz para ejercer el llamado de Dios
- Te equipa para toda buena obra

c- Verdad

- Toda la Palabra de Dios es verdad
- El evangelio de salvación es verdad
- Naciste por la Palabra de verdad
- Debes usar correctamente la Palabra de verdad

d- Un poder de fuego espiritual

- Es viva y eficaz
- Te hace más sabio que tus enemigos

e- Limpieza para tus caminos

- Eres limpiado por la Palabra de Dios
- Eres santificado por la verdad de la Palabra de Dios
- Eres purificado al obedecer la Palabra de Dios

f- Una luz que alumbra tu camino

- Da luz y entendimiento
- Impide que tropieces
- Alumbra la oscuridad
- Provee inteligencia espiritual para superar cualquier problema o circunstancia adversa en tu vida.

2- El Espíritu Santo te da el poder para resolver tus problemas

El Espíritu Santo es tu guía, tu instructor y tu sensible consejero, quien te revela la sabiduría de Dios.

a- El Espíritu Santo es enteramente divino, siendo identificado como igual con Dios el Padre y el hijo, Jesucristo *Mateo 28:19.*

b- Características divinas de la deidad del Espíritu Santo.

- El Espíritu Santo es eterno, así como lo es Dios Padre y su Hijo Jesucristo
- El Espíritu Santo es verdad
- El Espíritu Santo está en todo lugar

c- Obras divinas.

- La creación del mundo se llevó a cabo a través de Padre, Hijo y Espíritu Santo
- El Espíritu Santo y Dios Padre estuvieron presentes, participando activamente en el nacimiento virginal de Jesucristo, Su bautismo, Su vida y ministerio aquí en la tierra y en su resurrección
- El Espíritu Santo, Dios Padre e Hijo, están involucrados en el plan eterno de la redención
- Se le concede vida eterna a un creyente a través de la obra de Dios Padre, Hijo y Espíritu Santo
- La sabiduría de Dios Padre se revela a través del ministerio del Espíritu Santo Y de Jesucristo

- Los creyentes son justificados a través de la obra de Padre, Hijo y Espíritu Santo
- El creyente en Jesucristo esta sellado por Dios Padre a través de las arras, prenda, garantía o promesa del Espíritu Santo
- El Espíritu Santo es enviado a los creyentes por el Padre
- El Espíritu Santo mora en el creyente

3- En Jesucristo, el Espíritu Santo te da una vida abundante y de victoria

a- En el mundo , el Espíritu Santo:
- Está presente en todo lugar y en todo tiempo
- Es el autor de la Palabra de Dios y es el que da la capacidad para enseñar con poder el evangelio de la verdad
- Convence al mundo de pecado, juicio y justicia

b- En la vida del creyente, el Espíritu Santo:
- Es el poder renegador para un nuevo nacimiento espiritual
- Lo bautiza en el cuerpo de Cristo
- Le da vida
- Lo sella en Cristo, da evidencia de pertenencia
- Se le da como una promesa de nuestra herencia, la cual será completada cuando veamos a Jesús cara a cara
- Mora en él y es prueba de que pertenece a Jesucristo
- Da testimonio de la verdad de Dios como esta revelada en su hijo Jesucristo, y da testimonio al creyente de que es hijo de Dios
- Testifica y glorifica a Jesucristo
- Santifica al creyente, lo adapta para el servicio de Dios y lo conforma a la imagen y semejanza de Jesucristo
- Lo justifica delante de Dios
- Lo unge para discernir entre la verdad y el error
- Da orientación al:
    - Revelarte la mente de Dios
    - Enseñarle
    - Guiarle a toda verdad
    - Darle dirección para tomar decisiones en el ministerio por ejemplo:
    - Ayudarle en tiempos de oración
- Le anima al:
    - Darle esperanza
    - Interceder por él
    - Proveerle ayuda y acompañamiento
    - Darle consuelo
- Le da el poder para:

- Conocer en su plenitud al Padre y al Hijo
- Proclamar el señorío de Jesucristo y ser un testigo de El en el mundo
- Hablar eficazmente en tiempos de prueba y persecución, No vivir conforme a los deseos de la carne

- Lo llena para:
    - Vivir una nueva vida y mejor
    - El ministerio efectivo, por ejemplo
- Le da los dones espirituales para equiparlo para ejercer el ministerio Le desarrolla un carácter semejante al de Jesucristo a través de su poder transformador
- Le ayuda a un creyente en la adoración
- Y no debe ser contristado, ni apagado

4- LA ORACION LA FORMA DE COMUNICARNOS CON DIOS

La oración te da la oportunidad de alabar a Dios y solicitar Su intervención divina en tu vida y en la vida de otros. La oración permite que glorifiques Su nombre y además, provee una vía de comunicación para que puedas tener respuestas a tus problemas y además llenarte de gozo.

a- Verdades Bíblicas de la obra de Dios que se relacionan con la oración:

- Escuchando

- El escucha la oración y responde a nuestra intención del corazón
- Él sabe lo que necesitas antes de que lo pidas
- Él se deleita al escuchar la oración del justo, ya que puede mucho
- Él está cerca de los que le buscan

- El no escucha cuando te aferras, consientes, guardas al pecado en tu corazón

b- Contestando

- Él contesta dando respuesta a tu petición
- Él contesta cuando obedeces a Su dirección
- Él contesta que Si, cuando pides de acuerdo a su voluntad
- Él contesta más abundantemente de lo que puedes pedir
- El no dará cosas malas como respuesta a tu oración

c- Observaciones en los Evangelios sobre la vida de oración de Jesucristo

- Como oró Jesús

- El hizo de la oración una prioridad y una práctica frecuente
- El oraba sabiendo que El Padre siempre le escuchaba
- El oraba solo
- El oraba específica y persistentemente, pero siempre en sumisión a Dios y de acuerdo a la voluntad del Padre

- Cuando oró Jesús

- Jesús oraba constantemente, tanto al inicio, como durante y al final de Su ministerio
- El oraba después de estar ministrando todo el día
- El oraba después de estar ministrando durante el anochecer
- El oraba toda la noche
- El oraba en medio de su propio sufrimiento
- El oraba antes de tomar decisiones importantes
- El oraba cuando estaba en medio de la prueba

- Que oraba Jesús y que enseño sobre la oración

- Él les enseño a sus discípulos las cosas básicas de la oración
- Él les demostró como orar
- El oró por el fortalecimiento de otro
- El oró por Sus discípulos y los discípulos que le seguirían
- El oró porque Dios perdonara a Sus enemigos

d- Enseñanza Bíblica para los creyentes sobre la oración

- Verdades sobre tu vida de oración
- Debes orar diligentemente y sin desanimarte
- Debes orar si estas sufriendo, si estas enfermo, si has pecado, o si te enfrentas a cualquier clase de circunstancia, tentación o problema Salmo 86:6-7.
- Debes orar con gratitud sin cesar

- Lo que debes orar

  Debes dar gracias a Dios por:
  - Su bondad
  - Su misericordia
  - Su gracia que ha sido recibida provista a través de Jesucristo
  - Su trabajo en tu vida y en la vida de los demás
  - La victoria sobre la muerte a través de Jesucristo
  - La manera maravillosa y magistral como te hizo
  - Por todo lo que has recibido en tu vida
- Debes confesar tus pecados a Dios para recibir su perdón y limpieza Debes orar por todo y por todos
- Debes orar por las necesidades de las personas
- Debes orar para que Dios envié más obreros a las mies y para que la Palabra de Dios corra rápidamente y sea glorificada

TALLER DE REPASO

La lección de esta semana llegara hacer una herramienta valiosa de referencia para que la uses. Pídele al Señor que te de sabiduría para determinar lo que es beneficio especial para ti y lo que te es útil para ayudar a otros.

1- Con tus propias palabras, escribe el significado de ***2 Timoteo 3:16-17*** y memorízalo.

2- Lee, repasa y escribe el ***Salmo 19 y Salmo 119***. has un ensayo escrito de la importancia de la Palabra de Dios para tu vida y entrégalo a tu profesor.

3- Busca, repasa y escribe los versículos citados que sean necesarios para entender los propósitos del Espíritu Santo.

4- Estudia y escribe los versículos que señalan los cambios que necesitas hacer en tu vida de oración y haz los ajustes correspondientes.

5- Escribe brevemente la transformación que has tenido después de conocer la verdad de Jesucristo, antes y después. Elabora un pequeño testimonio y pásalo al instructor o maestro, y guarda una copia para tu propio uso.

LECCION 6
VIVIR CON UN PENSAMIENTO LIBRE DE ADICCIONES
(SEGUNDA PARTE)

Texto Bíblico:

2 Corintios 3:5-6

No que seamos competentes por nosotros mismos, sino que nuestra competencia proviene de Dios, el cual asimismo nos hizo ministros competentes de un nuevo pacto, no de la letra, sino del espíritu; porque la letra mata, más el espíritu vivifica.

Propósito de esta lección:

Ilustrar las consecuencias de seguir tus propios deseos naturales, en vez del patrón divino del cambio, tal y como está señalado en la Palabra de Dios; ayudarte a identificar un problema específico o dificultad en tu vida en el que Dios quiere que trabajes durante este curso. Señalar la importancia de ser un hacedor de la Palabra; y animarte a estar siempre preparado para dar tu testimonio del cambio bíblico con respecto a tu salvación y enfoque de la vida.

Introducción
El hombre, en su propia sabiduría, ha desarrollado muchas filosofías y teorías que tratan de explicar los pensamientos, palabras y acciones de las personas. Al hacer esto, el hombre orgullosamente ha tratado de negar su propia

Pecaminosidad y ha confundido toda definición clara de las normas de Dios del bien y del mal.

Desarrollo
La Palabra de Dios claramente demuestra que la manera en que vive el hombre es vana e inútil. El hombre tiene defectos serios que él no puede cambiar por sí mismo.

1- El camino del hombre

a- El hombre natural es inadecuado. No puede vivir de acuerdo con el diseño de Dios a tu propia manera o por tu propia sabiduría.

b- El hombre natural es rebelde y se rebela en contra del camino de Dios. Además, la obediencia parcial a Dios es tan inaceptable para El cómo tu rebelión deliberada.

c- El hombre necesita ser cambiado. Es necesario un nacimiento espiritual para poder reconocer, admitir y resolver tus problemas de una manera Bíblica. Solamente las soluciones, gracia, poder y sabiduría de Dios son completamente adecuadas para vivir abundantemente en bendición.

a- **Modelo bíblico del fracaso del hombre**

La Palabra de Dios es la única fuente verdadera de autoridad para la vida. Revela el fracaso del hombre, las consecuencias subsiguientes y el efecto que tiene en el mundo de hoy su pecado original.

b- **La humanidad fue creada a la imagen de Dios.**

Singular en su género, creada en rectitud, llena de bendiciones y responsabilidades.

c- **La humanidad peco y ha llevado las muchas consecuencias de ese pecado hasta el día de hoy.**

- Espiritualmente, advertencia de separación de Dios.
- Físicamente, enfocado en sí mismo.
- Mentalmente, Está lleno de temor, preocupación, ansiedad, engaño..
- Socialmente – el hombre, transfiriendo la culpa; descontento en el matrimonio.
- la mujer, transfiriendo la culpa; tratando de justificar el pecado.
- Ambientalmente, sufre el reino natural.
- Interpersonalmente, ira.
- Personalmente, fugitivo.
- Perpetuamente.
- Universalmente, nacido en pecado.

d- **La necesidad más importante del hombre es la de ser justificado por Dios y reconciliado por la fe en el sacrificio de Jesús en la Cruz del Calvario *Romanos capitulo5.***

  - Debes decidir entre aceptar o rechazar la solución de Dios para tu problema espiritual
  - Anteriormente en la lección 2 observa la relación diferente que tiene Dios contigo a través de Su Hijo, Jesucristo.

e- **Una persona regenerada es llamada a la santidad "pureza, sin culpa" y santificación "apartada para Dios".**

- Se demuestra que el cambio bíblico es posible debido a la fuente divina de poder, un diferente propósito para vivir y tu obediencia a la Palabra de Dios.

2- LA PERSPECTIVA BÍBLICA DEL YO

La sabiduría de este mundo enseña engañosamente que creer que uno mismo es intrínsecamente bueno, es fundamental para vivir una vida realizada. Sin embargo, este punto de vista equivocado pasa por alto los resultados devastadores del fracaso de Adán y Eva al no obedecer a Dios. La Biblia enseña que una vida abundante no depende de tener "una buena autoimagen" o "más autoestima". En cambio, la satisfacción en la vida depende de nuestra relación con Dios y en una respuesta Bíblica al problema del "yo" .

a- Del hombre sin pecado, al hombre pecador "caída de la humanidad"

- Adán y Eva

- Fueron creados a la imagen de Dios
- Vivieron en un mundo sin pecado
- Fueron bendecidos por Dios
- Fueron uno solo
- Tenían que gobernar la tierra
- Tenían comunión personal con Dios

- Dios puso una sola restricción sobre Adán y Eva, que requería la simple obediencia a Sus órdenes sin importar los deseos o sentimientos de ellos. Ellos perdieron su lugar de privilegio con Dios cuando cedieron a la tentación al fijarse en sí mismos ´´es decir, codiciándose, llenándose de orgullo en su sabiduría y satisfaciendo los deseos de la carne que es todo lo que el mundo ofrece. Ellos entonces, desobedecieron el claro mandato de Dios al decidir comer del fruto prohibido. Cuando decidieron enfocarse en sí mismos, pecaron, trayendo las consecuencias del pecado sobre ellos mismos y sobre cada generación subsiguiente.

b- La Biblia habla de la auto importancia del hombre natural

- Ya que nada ni nadie en este mundo se puede comparar con dios, y solo Él ha de ser exaltado en ninguna manera has de exaltarte a ti mismo. En comparación con Dios el hombre natural es:

- Como el polvo
- Como un mero aliento y una sombra que pasa, con un periodo de vida que no es nada a la vista del Señor
- Como hierva
- Como una flor en el campo que florece y luego se seca Salmo
- Como un vapor que aparece por un momento y luego se desvanece
- Insensato y sin conocimiento
- Como nada y sin importancia
- Como un gusano y no un hombre

- Si rechazas responder Bíblicamente el plan de la salvación de Dios, revelado solamente a través del sacrificio de Jesús, a los ojos de Dios estas:

- Sin esperanza, no aprobado, eres detestable, rechazado en cuanto a la fe y mereces la muerte
- Corrupto, injusto e inútil
- Confiar en ti mismo es inútil ya que:
- No mora nada bueno inherentemente bueno en tu corazón o carne Jeremías 17:9.
- No puedes hacer nada fructífero separado de Jesús Juan15:5.
- Separado de Jesucristo, eres esclavo del pecado Romanos 6:16-18.
- Tu sabiduría natural es inadecuada para dirigir tus pasos Salmo 94:11.

c- La imagen de Dios en cada persona se echó a perder por causa del pecado

- La inclinación natural de cada persona es hacia el pecado, aun cuando el hombre:
- Es capaz de reconocer la diferencia entre el bien y el mal
- Esta divinamente capacitado para tener dominio sobre la tierra
- Fue hecho un poco inferior a los ángeles
- Hecho a la semejanza de Dios
- No se puede ver la imagen de Dios en ti, en su perfección absoluta, como se podía ver en Adán, ya que tu llevas la imagen de Adán después su caída
- El Señor te formo tan maravillosamente y de un modo digno de admiración en el vientre de tu madre. Antes de tu nacimiento, Dios ordeno el número de los días de tu vida con el fin de que respondieras a la verdad como esta revelada en nuestro Señor Jesucristo

d- Solamente Dios puede hacer que una persona vuelva a tener la imagen perfecta de El… "Restauración después de la caída de la humanidad".

- Jesús es totalmente divino y vino a la tierra siendo la imagen del Dios invisible. Coronado con gloria y honor de Dios por Su muerte y resurrección, Él es el resplandor de la gloria de Dios y la representación idéntica de la naturaleza de Dios
- A través de tu nuevo nacimiento espiritual Juan 3:3, participas de la naturaleza divina y eres una nueva creación en Cristo. Tu cuerpo llega a ser templo del Espíritu Santo 1 Corintios 3:16, quien mora en ti.
- Como una nueva creación en Cristo, el viejo hombre corrupto, ha sido crucificado con El y despojado. Se ha revestido con el nuevo yo, el cual ha sido creado en justicia y santidad en la verdad. Ahora puedes ser transformado a la imagen de Jesucristo.
- Como una nueva creación en Cristo, tienes que dejar de hacer las practicas antiguas del viejo hombre y revestir de fe al nuevo hombre con características como las de Cristo, mientras estas siendo renovado en el espíritu de tu mente.
- Para seguir a Jesús tienes que negarte a ti mismo y debes:
    - Llegar a ser un siervo como Jesucristo

- Agradar a Dios en todo, caminando de una manera digna de El
- Dar gloria a Dios en todo lo que haces

e- Puedes ser más que vencedor en Cristo al morir a ti mismo

- Dios te ha provisto gratuitamente para que puedas darle, a Él, la gloria y exaltación, y no a ti mismo. Jesús, quien no busco Su propia gloria, es tu ejemplo para dar la gloria a Dios y para no glorificarte a ti mismo; más bien, Jesús vivió para hacer la voluntad del Padre como siervo que aprendió la obediencia por las cosas que sufrió, permaneció obediente aun hasta la muerte.

- El error del camino del hombre con respecto al "valor de sí mismo"- Aunque eres de más valor que los otros seres de la creación de Dios; y Dios te conoce íntimamente, aun mereces la muerte por tu pecaminosidad inherente.
- El error del camino del hombre con relación a la "seguridad en sí mismo" – Hasta los hijos de Dios pueden pensar equivocadamente que ellos son la fuente de bendiciones materiales, las cuales, en realidad, son provistas solamente por Dios. El orgullo te llevara a una caída ya que no puedes hacer nada fructífero separado de Jesús, debes vivir en total dependencia de Él, quien es el poder y la sabiduría de Dios.
- El error del camino del hombre en cuanto a "amarse a sí mismo" – Debes amar a Dios, pero en ninguna parte de la Biblia se te dice que debes amarte a ti mismo. Un mandato para amarte a ti mismo es innecesario ya que ya lo haces; de hecho, se te ordena amar a los demás en la misma manera en que ya te amas. Nota que una de las características de aquellos que rechazan la fe en los últimos días, "es amarse a sí mismos".
- El error del camino del hombre en su afán de "reivindicarse a sí mismo" – A través de Jesucristo, eres más que vencedor en cualquier situación de la vida, y el Señor no te ha dado un espíritu de timidez sino de poder, amor y disciplina. Sin embargo, la Biblia nunca dice que insistas en reivindicarte a ti mismo; en vez de esto te manda el Señor a confiar completamente en el plan de Dios para tu vida mientras ministras a los demás como un siervo, estimándolos más importantes que a ti mismo.
- El error del camino del hombre tocante a la "confianza en sí mismo" – No debes confiar en ti mismo, sino solamente en el Señor. Él es tu confianza, y no debes confiar en tu carne. No eres competente por ti mismo como para pensar algo como de ti mismo, sino que tu competencia proviene de Dios. Como ministro del nuevo pacto puedes ser un vencedor solo a través de tu fe en el Hijo de Dios y no debido a tu propia fuerza.
- El error del camino del hombre con relación a la "autoestima" – Separado de Dios, no tienes ningún valor inherente en ti mismo; aun así, Dios en Su misericordioso amor te cuida. Después de recibir a Jesús en tu vida, tu valor se encuentra en estar en El y en conocerle.
- El error del camino del hombre con relación a la "justicia de sí mismo" – No eres justo en ti mismo, y es imposible para ti ganar una posición de justicia ante Dios.

- Lo mejor que podrías hacer en tus propias fuerzas o mérito es considerado como un trapo de inmundicia a los ojos de Dios y no tiene valor cuando se compara con la fe en Jesús. Tu justicia verdadera se basa únicamente en Jesucristo y es un regalo gratuito de la gracia de Dios.
- El error del camino del hombre con respecto a la "exaltación de sí mismo" – Alabarte a ti mismo no tiene ningún valor y demuestra tu falta de entendimiento bíblico. Enaltecerse a sí mismo, es característico de una persona rebelde o de una que realmente no conoce al Señor. Aquellos que se ensalzan a si mismo serán humillados. La persona centrada en sí misma, que se caracteriza por la auto exaltación, es rechazada en cuanto a la fe en los tiempos difíciles de los postreros días.
- Exaltar el yo en cualquier dimensión, es olvidar o negar que tu alabanza debe ser para gloria de la gracia de Dios. Solo el Señor ha de ser enaltecido. Gloríate en: En el Señor, en la cruz de Jesucristo y en tus debilidades.
- Si te exaltas a ti mismo, serás humillado; sin embargo, si te humillas a ti mismo, bajo la mano poderosa de Dios, Él te exaltara a su debido tiempo.

• Para recordarte de tu identidad en Cristo, referirte de nuevo a:

f- Conclusión

- Desde los tiempos de Adán y Eva hasta el día de hoy, la humanidad pecaminosamente ha exaltado el yo. Morir al yo solamente puede ocurrir a través de Jesucristo. Al no acatar el camino de dios, el hombre en forma habitual regresa a su propia sabiduría inadecuada para tratar con los problemas y desarrolla soluciones no Bíblicas que se enfocan en el yo en vez de enfocarse en dios.
- Ya que las filosofías del hombre rechazan la solución redentora de Dios, estas colocan al hombre en el trono. Establecen un enfoque auto orientado, como el fundamento y la solución a los fracasos y éxitos de la vida. Ya que esta es la esencia del humanismo materialista, la integración del camino del hombre y el camino de Dios es imposible.

- Aun los llamados problemas "difíciles" de la vida *por ejemplo: depresión crónica, el abuso infantil, violencia conyugal, drogadicción, homosexualidad, etc.* se resuelven efectivamente solo desde la perspectiva Bíblica de agradar a Dios y confiando en Su Palabra en vez de agradar al "yo" y confiar en la sabiduría humana. Recuerda que Dios te ha equipado completamente para enfrentar y tratar los problemas a Su manera.

4- CONOCIENDO LA DIFERENCIA ENTRE EL CAMINO DEL HOMBRE Y EL CAMINO DE DIOS

Tienes que estar firmemente arraigado, sobreedificado, y establecido en el Señor. Solo en esta forma puedes evitar el engaño vacío, la filosofía, las falsas enseñanzas, y los principios elementales del mundo.

a- **Lo fundamental de conocer el camino de Dios**

- Prueba los espíritus para determinar si son de Dios, y si crees genuinamente en Jesucristo de todo corazón.
- Verifica el fundamento y premisas básicas.
- Identifica la fuente de autoridad, que tiene que ser la Biblia.

b- **La esperanza de ir por el camino de Dios**

- Eres liberado del pecado.
- Dios te promete la victoria para vencer el pecado en cualquier tentación o prueba.
- Jesucristo es tu abogado en cada fracaso y en cada necesidad.
- Dios controla las circunstancias para tu bien mientras Él te conforma a la imagen y semejanza de Jesucristo.
- La paz y el gozo que Dios te da no depende de las circunstancias, personas o cosas.

TALLER DE REPASO

1. Con tus propias palabras, escribe el significado de ***2 Corintios 3:5-6*** y memorízalo.

   ----

2. Debes examinarte para probar la valides de tu fe Un libro del Nuevo Testamento **1 Juan** se escribió específicamente para ayudarte a saber que has recibido la vida eterna ***1 Juan 5:13***. Esta semana lee el Libro de ***1 Juan*** para tu estudio personal y subraya los versículos que presentan las pruebas de que te pertenece el regalo de Dios de la vida eterna y has un ensayo de lo que pudiste entender.

   ----

3. Repasa tu testimonio de la tarea pasada. Escribe tu testimonio, de una manera más amplia y prepárate para decirlo en clase.

   ----

4. Examen de curso en la próxima clase.

LECCIÓN 7
DESCUIDANDO O RECHAZANDO LA LIBERTAD

Texto Bíblico:

1 Corintios 10:13.

"No os ha sobrevenido ninguna tentación que no sea humana; pero fiel es Dios, que no os dejara ser tentados más de lo que podéis resistir, sino que dará también juntamente con la tentación la salida, para que podáis soportar."

Propósito de esta lección:

Ilustrar las consecuencias de seguir tus propios deseos naturales, en vez del patrón divino del cambio, tal y como está señalado en la Palabra de Dios; ayudarte a identificar un problema específico o dificultad en tu vida en el que Dios quiere que trabajes durante este curso. Señalar la importancia de ser un hacedor de la Palabra; y animarte a estar siempre preparado para dar tu testimonio del cambio bíblico con respecto a tu salvación y enfoque de la vida.

Introducción

Descuidar o rechazar los caminos de Dios. Trae múltiples problemas. Para tratar eficazmente con tus problemas, tienes que darte cuenta de tu incapacidad y volver al poder de Dios para Salvación. Luego, serás capaz de hacer los cambios bíblicos necesarios que caracterizan al hijo de Dios, mientras dependes enteramente de Él y de Su Palabra.

Desarrollo

El cambio bíblico se inicia con tu nacimiento espiritual, y continua a través de tu vida. Tu propósito para vivir cambia, de un enfoque de vivir para ti mismo a uno de morir al "yo", al aprender a amar a Dios y a los demás de una manera Bíblica.

1- La espiral descendente

- Los pensamientos y los caminos de Dios son más altos (superiores) que los tuyos y Su Palabra es verdad. Si descuidas o rechazas los caminos de Dios o Su verdad, experimentas más problemas y éstos se empeorarán.

2- Inicios del cambio bíblico.

- Es necesario un nuevo nacimiento transformador para que vivas victoriosamente y tengas el poder para vencer al mundo y los problemas de la vida.

- Todas las obligaciones del hombre es temer (reverencia) a Dios y guardar sus mandamientos. Debes amar a Dios y a los demás en respuesta a su amor por ti. Debes caminar de una manera digna de Dios y agradarle en cada área de tu vida, siendo un hacedor de la Palabra. Al responder obedientemente al amor de Dios, maduras en el Señor y eres bendecido con paz y gozo y vendrán muchas bendiciones del Señor.
- Para apropiarte de la sabiduría que Dios da, tienes que pedir con fe, vivir de acuerdo a la verdad de Dios y depender de su poder al encarar y tratar con sus problemas.

3- El camino ascendente

- Tienes que obedecer constantemente la Palabra de Dios para crecer cada vez más en santidad y para tener verdadera paz y gozo

DESCUIDANDO O RECHAZANDO EL CAMINO DE DIOS

Si descuidas o rechazas la dirección de Dios para tu vida y escoges seguir el sendero de menor resistencia (tus sentimientos y deseos o lo que parece bueno en el momento), te dirigirás hacia la derrota y, finalmente, a tú ruina.

INICIOS DEL CAMBIO BÍBLICO

Las "soluciones" del hombre para sus dificultades, al final de cuentas fallarán, porque no tratan con el origen de tus problemas: tu corazón. Las soluciones de Dios, tal como se revelan en la Escritura, van al meollo de la dificultad, donde se lleva a cabo el cambio permanente.

1- Entrégate a la soberanía y señorío de Dios en tu vida
- Reconoce la autoridad de Jesucristo sobre tu vida
- Determina vivir cada día de una manera que agrade a Dios

2- Determina formas específicas en la que has pecado en contra de Dios y confiésaselos. Arrepiéntete de tus caminos pecaminosos; ya que son contrarios a las Escrituras y son desagradables a Dios

3- Pídele a Dios sabiduría para saber qué cambios hacer y cómo hacerlos. Pide con fe, ya que Él contestará.

4- Confiesa tus pecados específicos a los que has ofendido con tus palabras o acciones. Perdona a aquellos que han pecado contra ti y reconcíliate con ellos si es posible.

5- Diligentemente estudia la Palabra de Dios con regularidad y memoriza la Escritura para guardar su verdad en tu corazón.

6- Ora incesantemente, en todo tiempo y en toda circunstancia

7- Haz lo que Dios dice en Su Palabra no obstante tus sentimientos para gloriarle manteniéndote bajo el control y la guía del Espíritu Santo *Juan.*

PROBLEMAS QUE NECESITAN LA SOLUCIÓN DE DIOS

Ejemplos:

Adulterio, amargura, anorexia, arrebato de ira, arrogancia, auto padecimiento, drogadicción, borrachera, bulimia, celos, codicia, comunicación mala o maligna, culpa, depresión, dificultades entre padres e hijos, disputas interpersonales, espíritu no perdonador, falta de disciplina en áreas específicas, fornicación, frustración, glotonería, homosexualidad, impaciencia, lujuria, mentira, morosidad, orgullo, pereza, preocupación, problemas financieros, problemas y fracasos del matrimonio. Rebelión, robo, soledad, sufrimiento, temor y toxicomanía.

CAMINANDO A LA MANERA DE DIOS

Viviendo a la manera de Dios, quiere decir poner a un lado tu auto centrismo y comprometerte a seguir la Palabra de Dios a pesar de cualquier sentimiento contrario. Sí haces esto Dios te bendecirá.

EL CAMINO BÍBLICO AFECTA TUS PENSAMIENTOS PALABRAS Y ACCIONES.

El camino ascendente (Formado por Entendimiento Bíblico, Esperanza, cambio y Práctica)

- Confiesa pecados específicos y reconocidos
- Arrepiéntete
- Con fe, ora por sabiduría en todo asunto
- Entrega sin reserva tus caminos a Dios y niégate a ti mismo para seguir a Jesús.
- Sé obediente a la Palabra como consecuencia de tu temor al Señor. Sé controlado por el Espíritu Santo y la palabra de Dios.
- Júzgate continuamente de una manera Bíblica.
- Estima a los demás como superiores a ti mismo, como lo hizo Jesús.
- Piensa en todo lo verdadero, honorable, justo, puro, amable, de buen nombre, virtuoso, y digno de alabanza y pon tu mente en las cosas de arriba en vez de la de la tierra.
- Aprende a amar a la manera de Dios.
- Sé compasivo, benigno, humilde, gentil y paciente.
- Demuestra continuamente obras apropiados de arrepentimiento.
- Practica el perdón y la reconciliación y devuelve bendiciones a cualquier mal que recibas de otros.
- Ten las pruebas por gozo, ya que Dios las usa para desarrollar en ti un carácter como el de Cristo.

- Vive continuamente de manera consecuente con el llamado de Cristo.
- Haz todo sin murmuraciones y contiendas.
- Habla la verdad en amor.
- Ora sin cesar por todo.
- Regocijante siempre dando gracias en todo y por todas las cosas.
- Experimenta el desarrollo de un carácter, como el de Cristo, a través del Espíritu de Dios trabajando en ti.
- Ten vida abundante, llena de paz y gozo de Dios.

LA IMPORTANCIA DE OBEDECER LOS PRINCIPIOS ESTABLECIDOS POR JESUCRISTO

Tu amor por Jesucristo se mide por tu obediencia a la Palabra de Dios. Tú recompensa en el cielo se basará también en tu obediencia en Él.

- Eres SALVO por la gracia de Dios y no por tus propias obras, pero eres creado en Cristo para buenas obras
- Eres JUSTIFICADO (declarado justo) por fe
- eres JUZGADO como un hijo de Dios por tu obediencia a la Palabra de Dios y en conformidad, RECOMPENSADO.
- Tu primer paso de obediencia es responder al señor Jesucristo para salvación. Tu respuesta tiene consecuencias eternas
- Siempre has sido parte del plan eterno de Dios, las bendiciones para la obediencia, y el juicio para la desobediencia que conduce a la disciplina
- Dios siempre bendice a los que, como un patrón de vida, responden obedientemente a su Palabra.

TALLER DE REPASO

En esta lección, ya has estudiado suficientes principios básicos de la Biblia para comenzar el proceso de por vida de la auto confrontación bíblica. Las tareas de esta lección presentan una oportunidad para que te examines a ti mismo bíblicamente.

1- Con tus propias palabras, escribe el significado de 1 Corintios 10:13.

2- Has un breve comentario según tu propia opinión de Romanos 12:2.

3- Describe un problema que estas experimentando en el cual Dios quiere que trabajes durante esta semana.

4- Lee Juan, capítulos 14 y 17, subrayando los versículos que mencionan que el Espíritu Santo es la Fuente de la verdadera paz y gozo. Con tus propias palabras, escribe como Dios te ha dado la Fuente de paz y gozo en tu vida.

LECCIÓN 8

LA DIFERENCIA ENTRE LAS PRUEBAS Y LAS TENTACIONES

Texto Bíblico:

Efesios 4:22-24.

"En cuanto a la manera pasada de vivir, despojaos del viejo hombre, que está viciado conforme a los deseos engañosos, y renovaos en el espíritu de vuestra mente, y vestíos del nuevo hombre, creado según Dios en la justicia y santidad de la verdad".

Propósito de esta lección

Presentar la metodología del cambio bíblico que lograra la madurez espiritual; ilustrar como los pensamientos no bíblicos conducen a acciones no bíblicas; y demostrar que tienes que cooperar con el plan de Dios para que tu mente sea renovada.

Introducción

Necesitas llegar a ser un hacedor de la Palabra de Dios para poder madurar en Cristo

Desarrollo

El cambio bíblico se inicia en tu vida a través del poder regenerador del Espíritu Santo. Como una nueva criatura en Cristo, has recibido el poder para hacer cambios bíblicos en tus pensamientos, palabras y acciones y morir al yo y al servir a Dios y a los demás con amor.

PASOS PARA EL CAMBIO BÍBLICO

1- El proceso

El cambio bíblico efectivo y duradero es un proceso continuo. Debe obedecer los mandatos y las guías que están en la Palabra de Dios para cada área de tu vida (tus pensamientos, palabras y acciones). Al detener el viejo hábito del pecado y al comenzar (revestir) la nueva práctica de la justicia y la santidad, eres renovado en el espíritu de tu mente.

2- El "despojar"

Para despojarse de los viejos hábitos pecaminosos, primero tienes que identificarlos al examinar (juzgar) tu vida a la luz de la Palabra de Dios, una vez que has identificado específicamente los pecados de tu vida, tienes que arrepentirte de ellos, confesarlos e inmediatamente hacerlos a un lado. **3- El "revestir"**

EL CAMBIO BÍBLICO ES UN PROCESO.

Quizás experimentes un conflicto interno al escoger constantemente entre el bien y el mal, entre hacer lo que quieres, y hacer lo que Dios quiere. Debes encausar tu mente en agradar a Dios en vez de agradarte a ti mismo,

1-El despojar y el desvestir.

- Para cambiar tus pensamientos palabras y acciones al seguir a Cristo, tienes que aprender y obedecer la Palabra de Dios. En Su Palabra se hace referencia a muchas transgresiones (una trasgresión es un acto de pasar, deliberadamente, el límite entre el bien y el mal que Dios ha determinado). Estas trasgresiones se deben quitar y se deben poner obras semejantes a las de Cristo. Cuando se hace referencia en la Escritura a algo que tienes que "despojarte", también se da a menudo en el mismo pasaje, algo con lo que "revestirte". Por ejemplo.

Despojar		**Revestir**
Mentira	**Efesios 4:25**	**Hablar la verdad**
Hurtar **compartir**	**Efesios 4:28**	**Trabajar y** **con el que padece necesidad.**
Palabra corrompida	**Efesios 4:29**	**Decir lo que edifica**
Amargura, enojo, ira		
Gritería, maledicencia, malicia **Benignidad,**		**Efesios 4:31-32**
Misericordia y perdón.		

A veces la Escritura dice que hay que "revestirse" con algo, pero no siempre se encuentra en el mismo pasaje con su opuesto, el "despojarse". Dios da esta instrucción para que puedas conocer Su voluntad para tu vida en aquellas áreas en donde puede ser que seas negligente o ignorante de Su camino. El nombre de Dios es glorificado al revestirte con obras bíblicas, que has dejado de practicar.

- Hacerlo todo en el Nombre del Señor Jesús, dando gracias a Dios por medio de Cristo

- Tomar toda la armadura de Dios y estar firmes
- Andar como es digno del Señor, para agradarle
- Estar siempre gozoso, orar sin cesar, dar gracias en todo

2- Oración y acción

- La oración es necesaria para la vida cristiana obediente. Es el primer paso que debes dar y es esencial para experimentar la paz de Dios y su perdón en tu vida.
- Sin embargo, la oración por sí sola no hará que el plan de Dios alcance su plenitud en la tu vida. Necesitas actuar específicamente para lo cual es necesario eliminar los pensamientos, las palabras y las acciones que deshonran el nombre de Cristo y, en su lugar, sustituirlos por nuevas formas de pensar, hablar u actuar que reflejen el carácter y la imagen de Cristo.

3- Pecado y confesión

- Si fallas, es posible agradar a Dios de nuevo, respondiendo sabiamente. Esto lo haces, reconociendo tu falta a Dios arrepintiéndote de tu pecado, que es parte de la confesión. En el momento oportuno según los lineamientos bíblicos, confiesa tu pecado a aquellos en contra de los cuales has pecado buscando la reconciliación.
- Cuando confiesas tus pecados al Señor, desarrollas un patrón para identificarlos y tratarlos como Él manda, estarás reconociendo el señorío de Dios. Esto te permite tener una comunicación sin impedimentos con tu Padre Celestial y una vida de oración que produce fruto.

PENSAMIENTOS, PALABRAS Y ACCIONES QUE NO SON BÍBLICOS

Vivir para el Señor Jesucristo requiere que alejes tus pensamientos de ti mismo y los dirijas hacia el agrado del Señor.

Pensamientos	**Consecuencia**
Recuerdos del pasado	Consumir
Mal manejo de los distintos estados emociones mal manejo	Ansiedad Inmadurez en el carácter

TALLER DE REPASO

1- Con tus propias palabras, escribe el significado de Efesios 4:22-24 y memorízalo, repasa los versículos de memorización.

2- Has un resumen sobre los efectos de los pensamientos, palabras y acciones que no son bíblicos.

Observa la relación entre los pensamientos no bíblicos, las acciones no bíblicas y el daño posible que puede ocurrirle a tu cuerpo cuando te enfocas a ti mismo.

LECCIÓN 9

LA OBEDIENCIA LOGRA EL CAMBIO DURADERO

Texto Bíblico:
Hebreos 5:14

"Pero el alimento sólido es para los que han alcanzado madurez, para los que por el uso tienen los sentidos ejercitados en el discernimiento del bien y del mal."

Santiago 4:17

"Y al que sabe hacer lo bueno, y no lo hace, le es pecado."

Propósito de esta lección

Demostrar que la práctica bíblica es necesaria para el crecimiento espiritual que conduce a la madurez; presentar un plan específico para ayudarte a cambiar bíblicamente; ilustrar como las adversidades (pruebas y tentaciones) pueden afectar tu vida; y darte la oportunidad de elaborar un plan bíblico para vencer un problema específico en tu vida.

Introducción

Los pasos bíblicos de obediencia demuestran y profundizan tu amor por el Señor y te conducen a cambios que Dios espera y planea para tu vida, los cuales te hacen semejante a Cristo. El cambio bíblico duradero es el resultado de una vida fiel y disciplinada que está de acuerdo con la Palabra de Dios.

Desarrollo
El cambio bíblico que agrada y glorifica al Señor requiere más que una simple comprensión de las doctrinas correctas. Solo al poner en práctica la Palabra de Dios en cada área de tu vida, veras el cambio duradero.

1- Iniciando.

El cambio viene como consecuencia de recordar de dónde has caído, de arrepentirte y de hacer las obras que hacías cuando recibiste al Señor Jesús en tu vida. Reconocer el señorío de Jesucristo y haz un compromiso de ser un hacedor de la Palabra. Si eres solamente un oidor, y no un hacedor de la Palabra, entonces, eres un insensato, espiritual engañado e inmaduro.

2- Continuando.

Para continuar con el proceso del cambio verdadero, tienes que practicar fielmente tus responsabilidades a diario y disciplinarte a ti mismo para la santidad. Al continuar siendo un hacedor de la Palabra, tus sentidos serán entrenados para discernir entre el bien y el mal, tu crecimiento espiritual es una obra soberana de Dios que esta divinamente vinculada con el vivir de una manera bíblica.

3- Madurando

Para madurar (crecer) en Cristo, tienes que perseverar en hacer lo que es bueno ante los ojos de Dios, siendo obediente a la Escritura. En lugar de vivir de acuerdo con tus sentimientos y deseos centrados en ti mismo, prosigue en el supremo llamamiento en Cristo Jesús. Disciplina tus pensamientos, habla de una manera que ayude a los demás, y ama a los demás de una manera bíblica. No te fijes en los resultados físicos o inmediatos; en cambio, concéntrate en los valores eternos para poder madurar en Cristo, para glorificar a Dios, y para agradarle en todas las cosas.

LA PERSPECTIVA BÍBLICA SOBRE LAS PRUEBAS Y LAS TENTACIONES

Cada persona en el mundo, incluyéndote a ti, tendrán un encuentro cara a cara con varias adversidades durante su vida. Satanás busca derrotarte tentándote a confiar en tu propia sabiduría, a vivir de acuerdo a tus sentimientos egoístas, y a satisfacer los deseos de tu carne. En contraste, la voluntad de Dios para ti, es que seas más que un vencedor en todas estas pruebas para Su honor y gloria.

1- La diferencia entre las pruebas y las tentaciones

- La prueba es una oportunidad para que practiques el ser semejante a Cristo, obedeciendo la Palabra de Dios y dando así honor a Jesucristo.
- La tentación (que no se puede originar de Dios) es una incitación para que desobedezcas a la Palabra de Dios y para satisfagas los deseos de la carne. Cuando cedes a la tentación, inevitablemente experimentas las consecuencias.
- En cualquier circunstancia, los sentimientos egoístas y los deseos de la carne son usados y manipulados por Satanás como una tentación para inducirte a pecar. En radical contraste, Dios usa la misma circunstancia como una prueba que ayuda a fortalecer al obedecer Su Palabra. Tu repuesta en esta circunstancia determina si permanecerás firme en tu fe y agradas a Dios, o si caes en la tentación y te agradas a ti mismo.

2- Dios y las pruebas.

- Las pruebas de Dios están diseñadas para fortalecer en tu compromiso de seguirle y obedecer Su verdad. Para tu beneficio e instrucción. El mismo énfasis en la obediencia a Dios se registra en la vida de Jesús, así como en las vidas de sus seguidores.

- Dios nos prohíbe probarlo (tentarlo) a Él y a Su carácter, a menos que Él pida específicamente que se haga. Las personas prueba (tientan) a Dios cuando olvidan Sus bendiciones y Su poder mostrado en su favor en el pasado, cuando ellas endurecen sus corazones, y cuando fallan en vivir de acuerdo con Su verdad.
- Dios promete rescatar a Su gente en medio de cualquier dificultad. La Escritura declara que Dios no dejará que ninguna tentación sea mayor de lo que sus hijos puedan soportar, y que siempre proveerá una vía de escape del pecado.

3- Satanás y las tentaciones hacia la autosatisfacción.

- La naturaleza intrínseca de la mentira es tentar (incitar hacer el mal) y vive para devorar personas.
- Como príncipe de este mundo, Satanás usa las tres atracciones de este mundo. Los deseos de la carne (satisfacción de los deseos y vivir por los sentimientos de uno), los deseos de los ojos (codicia, avaricia, deseo por más), y la vana gloria de la vida (vivir centrado en sí mismo). Como una instigación para hacer el mal. Sus esfuerzos diabólicos están diseñados para seducir, alejándote de tu devoción a Jesucristo para que satisfagas tus apetitos y deseos egoístas.

    - En la primera tentación de la humanidad, Satanás recurrió a los sentimientos egoístas de Eva y su deseo de autosatisfacción, a través de cada una de las tres formas mundanas.
    - Al ver lo prohibido, Eva notó que "era bueno para comer" (deseos de la carne), "agradable a los ojos" (deseos de los ojos), y "codiciable para alcanzar sabiduría" (vana gloria de la vida). Siendo engañada, Eva sucumbió a la tentación porque ella cedió a su propio egocentrismo y quiso satisfacer sus deseos más que obedecer a Dios. También Adán cedió a sus propios deseos egoístas y sucumbió ante el pecado.
    - En la tentación de Satanás a Job, Satanás recurrió a los deseos de Job centrados en sí mismo y al deseo de autosatisfacción, quitándole sus posiciones, sus hijos, sirvientes, salud y posesión de prominente prestigio entre sus contemporáneos. Todas estas pruebas tenían por objetivo los deseos de la carne, los deseos de los ojos, la vana gloria de la vida; pero Job no fue vencido en estas pruebas específicas, porque el confió en Dios y no cedió a sus propios sentimientos y deseos.
    - En la tentación de Satanás a Jesús, el tentó a nuestro Señor con los tres atracciones del mundo. Satanás tentó a Jesús con el hambre y lo retó a que convirtiera las piedras en pan (deseos de la carne), le dijo a Jesús que se arrojara del templo (vana gloria de la vida), y le prometió a Jesús los reinos

de este mundo (deseos de los ojos). Sin embargo, Jesús venció estas tentaciones obedeciendo a Dios y Su Palabra.

4- Tres niveles de Tentación.

A- Para tu instrucción, la Escritura registra ejemplos de aquellos que cedieron a la atracción de la tentación.

- Eva fue tentada por los deseos de la carne. El fracaso de Eva en resistir a la tentación en los tres niveles de problemas de la vida, esto es, los "sentimientos", las "acciones" y el "corazón".

- El fracaso en el nivel de los "sentimientos" se inició cuando la satisfacción de la carne llegó a ser más importante que permanecer obediente a Dios. No es de extrañarse
- El fracaso a nivel de las acciones, es evidente cuando escuchamos a Satanás en lugar de obedecer a Dios, tratamos de esconder nuestro pecado a ocultarnos, e intentamos echarle la culpa al os demás por nuestro comportamiento pecaminoso.
- El fracaso a nivel de los "sentimientos" y las "acciones" revelan la inclinación de nuestro "corazón", que está dirigido a agradarse a sí mismo en vez de agradar a Dios. Los corazones no arrepentidos, centrados en sí mismos, son también evidentes cuando no confesamos el pecado, ni pedimos perdón al Señor, ni a los otros.
- La Escritura registra la resistencia de Jesús a la tentación y Su victoria sobre Satanás para darte esperanza y para darte la confianza de que tienes un Sumo Sacerdote que no pecó.
- Jesús fue tentado por los deseos de la carne, la vana gloria de la vida y los deseos de los ojos.
- En esta tentación, Jesús fue más que vencedor en el nivel de los "sentimientos", en de las "acciones" y en el del "corazón", dejando un ejemplo que debes seguir.
- Jesús, sin vacilar, no se enfocó en sí mismo, sino en el Padre, y no dio lugar para sentimientos centrados en sí mismo cuando escogió vivir de acuerdo a la Palabra de Dios.
- Nuestro Señor fue victorioso en el nivel de las "acciones" cuando Él respondió a cado tentación con la Palabra de Dios, y rehusó hacer lo que Satanás le pedía. Nota que las respuestas que Jesucristo tomó de las Escrituras, no fueron dadas para convertirse en un punto de discusión con respecto a la tentación. Más bien, Jesús las citó para terminar con cualquier discusión acerca de la tentación. Él se sostuvo firme y confiadamente en la Palabra de Dios.
- En el nivel del corazón, Jesús reveló Su pureza (santidad) por su determinación de agradar a y obedecer a Dios el Padre, resistiendo a Satanás y no dando ningún lugar a la tentación de Su mente.

- Jesús, tentado en todos los puntos, como tú, nunca pecó. De este modo, Él entiende el poder de la tentación y tu debilidad, y te ayudará en tiempo de necesidad.

5- tus pruebas y tentaciones (un repaso para darte esperanza).

- Dios no puede ser tentado por el mal y no te tienta.
- La intención de la tentación es inducirte a agradarte a ti mismo, en ves ser obediente a Dios y a Su Palabra. La tentación es dirigida por Satanás para atraer y seducir a tu carne (satisfacción de tus deseos y/o por tus sentimientos centrados en ti mismo). Sin embargo, tú tienes que tomar la decisión de pecar u obedecer la Palabra de Dios y resistir la tentación victoriosamente.
- Ser guiado por los sentimientos y ceder a la satisfacción de la carne, caracterizan el patrón de vida de uno antes de la salvación en el Señor Jesucristo. Así, separado de Jesús, no se puede evitar el ceder a la tentación. Ésta es la manera cono vive el hombre natural Cuando Jesús entra en tu vida, la obediencia a Dios entra en conflicto con la satisfacción de los deseos de la carne. Sin embargo, el Espíritu de Dios que mora en ti, teda el poder para vencer la tentación y vivir para Él.
- Las tribulaciones y los sufrimientos que éstas traen, son comunes a quien sigue a Jesús. Estas adversidades te capacitan para compartir los sufrimientos de Cristo y te permiten seguir Su ejemplo de una vida de obediencia y de sacrificio. Aunque puedas ser afligido en varias pruebas, cualquier sufrimiento que experimentes no debe ser comparado con el valor de conocer a Jesucristo, ni se puede comparar con la gloria que será revelada, cualquier sufrimiento que tengas es sólo temporal; y Dios promete perfeccionar (madurar), confirmar, fortalecer y establecerte después de que experimentes este sufrimiento.
- Aquellos que permanecen fieles a las adversidades (pruebas y tentaciones) demuestran lo genuino de su fe y serán recompensados por el Señor.
- Nunca enfrentaras tentación que no sea común al hombre. En cualquier situación, Dios ha prometido que nunca tendrás más de lo que puedas soportar y que Él será fiel para darte una vía de escape del pecado. No importa qué prueba te pueda venir, Dios ha prometido librarte; por tanto, puedes ser más que vencedor por medio de Jesucristo.
- Tus tribulaciones son usadas por Dios para desarrollar un carácter como el de Cristo en tu vida y han de ser recibidas con gozo. Estas tribulaciones están diseñadas para manifestar el poder de Dios y la vida de Jesucristo en ti.
- Jesús, como Sumo Sacerdote fue tentado en todo, al igual que tú, pero Él fue sin pecado. Por tanto, Él es capaz de dar misericordia y gracia para auxilio en cualquier dificultad, sin importar que tan prolongada sea la tribulación.

PASOS PRÁCTICOS PARA LOGRAR EL CAMBIO

Hacer cambios bíblicos en tu vida requiere actuar con propósito y oración.

1- Responde de inmediato a la necesidad que tienes de cambiar bíblicamente.

- Pide a Dios sabiduría.
- Sométete (colócate bajo el control del) Espíritu Santo, quien mora en ti.
- Haz una evaluación a fondo de ti mismo, y elabora una lista de todas las formas en que has fallado en el pensar, hablar y actuar de una manera bíblica. Éstas son las cosas de las cuales te tienes que "despojar", tales como son señaladas por Dios en Su Palabra.
- Confiésale al Señor tus hechos no bíblicos (pensamientos, palabras y acciones.
- Haz una lista de las cosas con las cuales debes "revestirte" que reemplazarán tus pensamientos, palabras y acciones no bíblicos.
- Elabora un plan básico para vivir diariamente una vida transformada. Tu plan básico debe enumerar los pasos específicos por medio de los cuales, "te despojaras" de tus pecados que serán reemplazados por obras bíblicas con las cuales "te revestirás" Y debe incluir:
    - Oración
    - Estudio de la Escritura, especialmente para encontrar cómo se relaciona la Palabra de Dios con los cambios necesarios en tu vida
    - Memorizar la Escritura, que debe ser enfocada en las respuestas de Dios a las tentaciones en donde eres propenso a pecar. El evitar todas las formas (es decir, la apariencia) del mal. Obedecer a Dios en todas las cosas en lugar de agradarte a ti mismo, satisfaciendo los deseos de la carne
    - Comunión, adoración y vivir en tu proposito constante y fiel en el Cuerpo de Cristo.
    - Evaluación verdadera de ti mismo tratando con los pensamientos, palabras y acciones. En cualquier situación, al evaluar bíblicamente tus pensamientos, palabras o acciones, contesta las siguientes preguntas. Debes memorizar tanto las preguntas como los versículos de referencia.

TALLER DE REPASO

1- Con tus propias palabras, escribe el significado de
Hebreos 5:14

Santiago 4:17

2- Haz un resumen según lo que entendiste de la Perspectiva Bíblica Sobre las Pruebas y las Tentaciones.

3- Haz una marca a la par de los pasos que necesitas dar para hacer cambios bíblicos en tu vida o para recobrarte bíblicamente del fracaso.

4- Durante tu tiempo devocional diario, comienza aplicar soluciones bíblicas al problema en el que Dios quiere que trabajes durante esta semana.

Examen de Curso

LECCIÓN 10

TRATANDO CON EL YO

Texto Bíblico:

Lucas 9:23-24

"y decía a todos: Si alguno quiere venir en pos de mí, niéguese a sí mismo, tomo su cruz cada día, y sígame. Porque todo el que quiera salvar su vida, la perderá; y todo el que pierda su vida por causa de mí, éste la salvará."

Propósito de esta lección

Contrastar la verdad de la Palabra de Dios respecto al yo, con el punto de vista equivocado del hombre natural en cuanto al auto desprecio, la auto exaltación, y la auto conmiseración. Contrastar la Palabra de Dios y la filosofía del hombre, con respecto a la envidia, los celos, la codicia y la avaricia. Ilustrar cómo tus respuestas a los problemas hacen evidente un enfoque en agradar a Dios, o en agradar al yo. Presentar un caso para estudio que continuará a través de las lecciones sucesivas, en donde se fijará la atención en el uso de principios bíblicos, para enfrentar y tratar con los problemas y dar mayor oportunidad para diseñar e implementar un plan bíblico para vencer un problema específico en tu vida.

Introducción

El reto supremo que enfrentarás al hacer los cambios bíblicos que honran a Cristo, es morir a ti mismo. El punto de vista bíblico concerniente al "yo", es exactamente opuesto a lo que la sabiduría de este mundo proclama.

Desarrollo

Enfrentaras tentaciones constantes conducentes a centrarte en ti mismo que provocaran pensamientos, palabras y acciones devastadoras al Cuerpo de Cristo y a tu propio andar con el Señor. Éstos pecados tienen que ser confesados y vencidos si has de madurar como hijo de Dios, ya que caracterizan tu vida separada de Cristo.

1- La perspectiva de Dios.

- Nadie se odia a sí mismo; sino más bien, uno se ama, se protege y se cuida a sí mismo. El problema del hombre no es la poca atención que se da a sí mismo sino el exceso.

- La visión correcta del yo, viene de comprender quién eres tú en Cristo. Como hijo de Dios, tienes la seguridad de que tu Padre Celestial, por Su gracia y misericordia, está activamente interesado en tu vida a pesar de tus imperfecciones naturales. Aunque eres totalmente capaz de vivir a la manera de Dios por tu propia fuerza, Dios te ha escogido para ser un testimonio de Su poder al mundo. Él te da un propósito para vivir conformándote a la imagen de Cristo.
- Tu contentamiento en todas las circunstancias dependen de tu respuesta obediente a Dios en tus obras (pensamientos, palabras, acciones). Manifiestas tu amor por el Señor Jesucristo obedeciéndolo en tu andar cotidiano y demostrando en tu vida Su Señorío. Dios se deleita y se complace con tu obediencia de fe, no meramente con tus declaraciones de lealtad, tus expresiones de remordimiento, o las obras que son buenas, pero no tienen sentido.

2- Tú esperanza.

- Debes de estar agradecido a Dios porque te ha hecho formidable y maravillosamente. Aunque tengas deformidades físicas o alguna aflicción crónica, el plan de Dios es usarlo para el bien y para Su gloria. Dios te ama con amor perfecto a pesar de cualquier debilidad y "limitación" que tengas, aun cuando no eres digno, no mereces, y no puedes ganar Su amor.
- Puedes vencer rápidamente el auto desprecio, la auto exaltación y la auto conmiseración. Esto es posible cuando te das cuenta que el egocentrismo es pecado. Debes confesar este enfoque no bíblico e inmediatamente comenzar a vivir de acuerdo con Su Palabra.
- Has sido liberado del poder de todos los pecados, incluyendo la envidia, los celos, la codicia y la avaricia que resultan de un enfoque marcado en el yo. Puedes estar contento en cualquier circunstancia y puedes desarrollar el sentir de Cristo en ti.

AUTODESPRECIO, AUTOEXALTACIÓN Y AUTOCONMISERACIÓN

El auto desprecio, la auto exaltación y la auto conmiseración indican un enfoque en el yo. La atención excesiva en el yo es exactamente lo opuesto al mandato de Dios de amarlo a Él y a los demás. Un enfoque centrado en sí mismo te impide desarrollar una actitud de servicio como la de Cristo. Si tratas de salvar tu vida enfocándote en ti mismo, cosecharás una consecuencia ceguera; en vez de salvar tu vida, la perderás.

1- El punto de vista del hombre

La sabiduría de este mundo enseña que muchos de tus problemas se originan de una "mala autoestima" o de "poca autoestima". Además, la sabiduría del hombre natural declara que:

- Tienes que aprender a amarte a ti mismo antes de que puedas amar a los demás.
- Tienes que mejor tú autoestima.
- Tienes que satisfacer tus necesidades que "percibes" para que puedas ayudar a los demás.
- Tienes que perdonarte a ti mismo antes de que puedas encontrar paz.
- Eres valor infinito debido a "el dios dentro de ti".
- Tienes que "conocerte" a ti mismo y a tus sentimientos, antes de hallar la completa satisfacción en la vida.

Todos estos puntos de vista están equivocados, ya que son contrarios a la verdad de la Palabra de Dios.

2- Algunas explicaciones erradas del hombre para la baja perspectiva de sí mismo ("poca autoestima")

- Ambiente negativo
- Falta de dinero
- Falta de oportunidades de trabajo
- Insatisfacción laboral
- Impedimentos físicos
- Educación limitada
- Cónyuge fastidioso
- Impedimentos físicos
- Maltrato en su niñez
- Desprecio de los demás
- Incapacidad para comunicarse
- Malas relaciones interpersonales
- Rechazo de los padres
- Incomprensión de la gente
- Lento para aprender

3- Algunas de las formas inútiles del hombre para elevarse a sí mismo "buena autoestima"

- Aceptarse a sí mismo
- Aprenda a amarse a sí mismo
- Tenga la última palabra

- No admitir errores
- No enojarse, sino desquitarse
- Haga que los demás le sirvan
- Eludir situaciones que no le gustan
- Conózcase a sí mismo
- Practique la visualización

4- La perspectiva de Dios

"Cuando viene la soberbia, viene también la deshonra"

"Hay caminos que al hombre le parecen derechos; pero su fin es camino de muerte".

"Si neciamente has procurado enaltecerte… pon el dedo sobre tu boca".

" ¡Ay de los que a lo malo dicen bueno, y a lo bueno malo; que hacen de la luz tinieblas, y de las tinieblas luz; que ponen lo amargo por dulce, y lo dulce por amargo;! ¡Ay de los sabio en sus propios ojos, y de los que son prudentes delante de sí mismos!".

"Por qué el que se enaltece será humillado".

"Porque todo el que quiera salvar su vida, la perderá…".

"¿Dónde está el sabio? ¿Dónde está el escriba? ¿Dónde está el disputador de este siglo? ¿No ha enloquecido Dios la sabiduría del mundo?... Por qué lo insensato de Dios es más sabio que los hombre y lo débil de Dios es más fuerte que los hombre… sino que lo necio del mundo escogió Dios, para avergonzar a los sabios; y lo débil del mundo escogió Dios, para avergonzar a lo fuerte".

"Así que, el que piensa estar firme, mire que no caiga".

"Porque habrá hombres amadores de sí mismos… arrastrados por diversas concupiscencias. Estas siempre están aprendiendo, y nunca pueden llegar al conocimiento de la verdad".

"Pero Él da mayor gracia. Por esto dice: Dios resiste a los soberbios…".

"… como habrá entre vosotros falsos maestros, que introducirán encubiertamente herejías destructoras, y aun negaran al Señor que los rescato, atrayendo sobre sí mismos destrucción repentina. Y muchos seguirán sus disoluciones, por causa de los cuales el camino de la verdad será blasfemado, y por avaricia harán mercadería de vosotros con palabras fingidas. Sobre los tales ya de largo tiempo la condenación no se tarda, y su perdición no se duerme".

"Porque todo lo que hay en el mundo… la vanagloria dela vida, no proviene del Padre, sino del mundo".

ENVIDIA, CELOS, CODICIA Y AVARICIA

La envidia, los celos, la codicia y la avaricia son pecados que revelan un enfoque en sí mismos que cuestiona la obra y la provisión de Dios en tu vida. Estos pecados tienen que ser "despojados" por el compromiso que tienes de vivir para el Señor Jesucristo.

1- Características de la envidia, los celos, la codicia y la avaricia.

A- Cuando tratas a otros con desprecio en pensamientos o palabras, desobedeces mandatos específicos de la Escritura.

La Palabra de Dios enseña que:

- No debes pensar o hablar de los logros de otros de una manera degradante.
- No debes pensar o hablar de las vidas o acciones de otros de una manera que ponga en duda sus motivos o su carácter.
- No debes pensar, hablar o actuar en formas que impliquen que una persona es egoísta debido a que posee bienes materiales.

B- Cuestionas la soberanía de Dios en tu vida, si te comparas a ti mismo o tus circunstancias con aquellos cuyos bienes materiales, ganancias, habilidades, talentos, dones espirituales u honores que deseas.

Pecas de esta manera cuando:

- Deseas o demandas el mismo beneficio que otros, ya sea que hiciste algo o nada para merecerlo o ganarlo.
- Te quejas en tus pensamientos o en tu conversación sobre tu situación actual en la vida.
- O te esfuerzas en acumular o adquirir más bienes, honor, podre, fama o popularidad que los demás.

2- Algunos pensamientos, palabras y acciones comunes que revelan envidia, celos codicia o avaricia

A- Quejarte de tus circunstancias, hablar mal o decir cosas de otras personas que no edifican, mientras te comparas a ti mismo con ellas, revela un problema en tu corazón con la envidia, los celos la codicia o la avaricia. Al ver las siguientes expresiones, es importante que te examines a ti mismo de una manera bíblica, y no juzgando a los demás.

Algunos ejemplos que revelan envidia, celos codicia o avaricia son:

- "Bueno, sólo es otro cartón en la pared. Apuesto a que pasó sobre mucha gente para llegar a esa posición." *(despreciando el éxito).*
- "¡Ah, cualquiera con cerebro de pollo hubiera acertado! La cosa es que por casualidad lo hizo primero." *(despreciando la habilidad).*
- "¡De plano que son ricos! ¿pero te imaginas cómo lograron tanto dinero? Estoy seguro de que no dan con sacrificio, ni ayudan a los demás en necesidad como lo hacemos nosotros." *(Despreciando las obras; comparándose a sí mismo con los demás).*
- "¿Crees que es bonita? ¿sabes cuánto tiempo tarda para arreglarse así todos los días?" *(despreciando la apariencia física).*
- "Yo no sé por qué él está a cargo de ese ministerio. Todo el mundo cree que él es capaz de hacerlo todo y por eso, la iglesia gira a su alrededor. Ni modo, siempre he dicho que la soberbia es antes de la caída." *(despreciando los éxitos y responsabilidades).*

B- Cuando tus pensamientos, palabras o acciones indican envidia, celos, codicia o avaricia, desagradas al Señor por tu falta de amor por los demás y por la exaltación de ti mismo. Además, revelas la condición espiritual de tu corazón, el cual está enfocado en sí mismo.
Examínate a la luz de las Escrituras, usando los siguientes ejemplos:

- Aparentas por fuerza que eres feliz, por el reconocimiento o éxito de otras personas, pero por dentro piensas con obsesión de lo injusto de la vida, y cuan desposeído eres, *violando el consejo bíblico.*
- Practicas el "sacarle ventaja a los demás" y buscas tener más honor, bienes materiales o alabaza para ti mismo, para demostrar que puedes ser, por los menos, tan bueno como cualquier persona.
- Planes o tratas de arrebatar l que tiene otra persona (tal como una amistad, popularidad, honores cónyuge, reputación etc.)
- Rechazas o evitas a aquellos que reciben honor.
- Protestas diciendo que cierta cosa u honor realmente te pertenece a ti; quejándote de que la otra persona te "robo" lo que por derecho te pertenecía; o airadamente demandas una restitución, una reevaluación, o una parte equitativa para ti.
- Finges que la posición, honor o bienes materiales de otra persona no te importan, y pones una actitud superficial de "es poca cosa".
- Tratas de hacer que otro se sienta culpable, expresándole que es mundana la forma como él goza de las buenas oportunidades que surgen en la vida, *violando los pasajes de.*
- En un esfuerzo de ser el mejor ante los que te rodean, te jactas de tus propios éxitos.

3- Reconociendo la diferencia entre el celo divino y los celos pecaminosos del hombre.

A- Dios es completamente santo, totalmente amoroso, inmutable en su carácter, y nunca se le describe como envidioso, codicioso o avaro.

B- Dios en Su santidad es celoso, pero de una manera muy diferente a la clase de celos del mundo que impiden tu desarrollo espiritual. La diferencia entre el celo divino y los celos pecaminosos está en el enfoque de cada uno de ellos.

- Mientras que el celo de Dios se enfoca en Su honor, Su santidad, la adoración que Su nombre merece, y la pureza de Su pueblo, los celos pecaminosos se enfocan en agradar al yo y en ser dañinos a los demás.
- Cuando los siervos de Dios manifiestan el celo devino, los acontecimientos demuestran que el enfoque estuvo en agradar a Dios y bendecir a las personas, en lugar de gratificarse a sí mismos o dañar a los demás.

4- La perspectiva de Dios sobre la envidia, los celos, la codicia y avaricia.

A- La **envidia** (es decir, resentimiento o desagrado de los logros, bienes materiales o talentos de otros, que resulta a menudo en esfuerzos de despojar a los demás de lo que tienen) y los **celos** (es decir, un deseo egoísta acompañado de resentimiento, sospecha o temor de que alguien está buscando la manera de arrebatarte lo que tú crees que te pertenece) revelan un egocentrismo que es destructivo y no es amoroso. **Tito 3:3.**

- **La envidia es:**
  - Incompatible con la buena voluntad en el Cuerpo de Cristo. ***Filipenses 1:15.***
  - Una de las obras de la carne. ***Gálatas 5:19-21.***
  - Característica de una vida separada de Dios. ***Tito 3:3.***
  - Incompatible con una vida controlada por el Espíritu Santo. ***Gálatas 5:25-26.***
  - Propio de una mente depravada. ***Romanos 1:28-32.***

- Los celos son:

- Una de las obras de las tiniebla. ***Romanos 13:12-14.***
- Considerados carnales y llevan comparaciones fatuas y a competencias. ***1 Corintios 3:1-4,19.***
- Opuesto a la sabiduría divina. ***Santiago 3:13-18.***
- Una negación de amor bíblico. ***1 Corintios 13:4.***
- Un preámbulo al desorden y al mal. ***Santiago 3:16.***
- Parte de las contiendas. ***Romanos 13:13.***
- Una de las obras de la carne. **Gálatas 5:19-21.**

- La **codicia** (es decir un deseo inicuo de poseer lo que Dios no ha establecido que tengas; este deseo generalmente está dirigido a lo que le pertenece a otro) y la **avaricia** (es decir, dar rienda suelta a un deseo fuerte por tener más de lo que la voluntad de Dios dispone para tu vida) son pecados que revelan un enfoque en la satisfacción egocéntrica.
- Tanto codicia como la avaricia están vinculadas con la idolatría.

- La codicia:

- Siempre ha sido prohibida por Dios.
- Es característica de aquellos que no tienen parte en el reino de Dios
- Es tan perjudicial al Cuerpo de Cristo que se les prohíbe a los creyentes juntarse con alguien que se dice hermano y es codicioso

- La avaricia es:

- Algo contra la cual debemos protegernos.
- Características de los falsos maestros y de aquellos que rechazan al Señor.
- Propia de una mente depravada.

- Característica de una vida separada del Señor.
- Impropia entre los creyentes.

AGRADANDO AL YO O AGRADANDO A DIOS

Tu enfoque para vivir ya sea para agradarte a ti mismo o agradar a Dios, se manifiesta por tus respuestas a las situaciones de la vida. Este enfoque se ilustra dramáticamente por la traducción de varias palabras del Nuevo Testamento que describen algunas de estas respuestas. Las mismas palabras en el lenguaje original del Nuevo Testamento se traducen de manera diferente de acuerdo con sus énfasis en agradar al yo o agradar a Dios, tal como se ilustra a continuación.

1- El afán frente al Interés.

- Pecas cuando **te afanas** o **estas ansioso,** porque ambas son respuestas centradas en ti mismo que revelan una falta de confianza en el cuidado y soberanía de Dios en tu vida.

- Sin embargo, andas en el camino de Dios cuando **te interesas** o **te preocupas** por el bienestar de los demás y de la gloria de Dios. La palabra que en el Nuevo Testamento se traduce como **"interés"** o **"preocupación"**, también se traduce como **"afán"** o "**ansiedad**" cuando se involucra el enfoque en uno mismo.

2- El temor frente a la Reverencia.

- Pecas enfocándote en el yo cuando **temes** a los hombre (lo que ellos piensan de ti o lo que ellos te pueden hacer).
- Sin embargo, agradas a Dios cuando vives una vida santa, **reverenciando** al Señor (la mismo palabra en el Nuevo Testamento se traduce como "**temor**") con la promesa de recibir sus bendiciones.

3- La Codicia y la Concupiscencia frente al Deseo.

- Pecas cuando **codicias.** Está prohibida por Dios ya que egoístamente se enfoca en poseer lo que no te pertenece. La misma palabra que es el Nuevo Testamento se traduce como **"codicia"** es también la misma palabra usada para **"concupiscencia"** (un deseo por la auto gratificación).
- Sin embargo, demuestras santidad cuando tienes deseos o un gran deseo de agradar a Dios y de edificar a los demás. (La palabra que en el Nuevo Testamento se traduce como "deseo" o "mucho deseo" es también la misma palabra usada como "codicia" o "concupiscencia" cuando se trata el enfoque de uno mismo.

TALLER DE REPASO

1- Con tus propias palabras, escribe el significado de Lucas 9:23-24. Y esta semana memorízalo.

2- Lee Auto desprecio, Auto exaltación y Auto conmiseración. Busca el contraste entre la manera en que el hombre trata con el YO, y la perspectiva de Dios para resolver este problema. Señala las frases que erróneamente has aceptado como ¨verdaderas¨ antes de conocer la perspectiva de Dios.

3- Lee Envidia, Celos, Codicia y Avaricia. Señala cualquier frase que indique que estos pecados están en tu vida.

4- Continúa trabajando en el problema, el cual haz comenzado a vencer bíblicamente durante este curso escribe que plan de acción y oración tienes para enfrentarlo y erradicarlo.

LECCIÒN 11

EL ENOJO Y AMARGURA

Texto Bíblico:
Efesios 4:31-32

Quítense de vosotros toda amargura, enojo, ira, gritería y maledicencia, y toda malicia. Antes sed benignos unos con otros, misericordiosos, perdonándoos unos a otros, como Dios también os perdono a vosotros en Cristo.

Santiago 1:19-20

Por esto, mis amados hermanos, todo hombre sea pronto para oír, tardo para hablar, tardo para airarse; porque la ira del hombre no obra la justicia de Dios.

Propósito de esta lección

Presentar la perspectiva bíblica del enojo y la amargura; ayudarte a reconocer las respuestas no bíblicas al enojo y la amargura, elaborar un plan para vencer estos hábitos. Continuar el desarrollo de un caso para estudio en consejería bíblica; y presentar los procedimientos para las sesiones de consejería.

Introducción

El enojo y la amargura son señales evidentes de estar enfocados en el yo y de no confiar en la soberanía de Dios en tu vida. Cuando crees que Dios hace que todas las cosas ayuden a bien para aquellos que le pertenecen y le aman, es decir que son obedientes a Su Palabra, entonces puedes responder a las pruebas con gozo en vez de responder con enojo o amargura.

Desarrollo

El enojo y la amargura son grandes impedimentos al amor bíblico, a las relaciones interpersonales armoniosas y a la madurez en Cristo. Fallar en despojarte del enojo y la amargura entristece al Espíritu Santo, y le da a Satanás un lugar en tu vida, opaca tu testimonio a los demás, y rompe la unidad en el Cuerpo de Cristo. Tratar bíblicamente con el enojo y la amargura requiere la obediencia de todo corazón a la Palabra de Dios en cada circunstancia y con cada persona, aun si tus sentimientos dictan lo contrario. ***Mateo 5:16.***

1- Perspectiva de Dios

El enojo (Gran disgusto) que surge o se expresa con prontitud, caracteriza tu vieja naturaleza separada de Jesucristo y es opuesta a Su Palabra. La amargura está relacionada con el enojo y manifiesta una gran insatisfacción con la soberanía de Dios en tu vida. La amargura es el resultado de vivir para agradarse a sí mismo en vez de vivir para agradar a Dios, y es la raíz de muchos problemas.

2- Tú esperanza

Puesto que la Palabra de Dios te ordena a despojarte de todo enojo y amargura, ya que si es posible hacerlo ***Hebreos 2:17-18.***

3- Tu cambio

Debes controlar tu espíritu, ser lento para la ira, y tratar rápidamente con el enojo. Debes despojarte de: enojo, ira, amargura, mal genio, discordia, palabras abusivas y contiendas; no debes tomar en cuenta el agravio. Más bien, debes revestirte de paciencia, bondad, humildad, compasión, perdón, amor y dominio propio, con la actitud de soportarse los unos a los otros ***Colosenses 3:12-14.***

4- Tú practica

- Anota las circunstancias o las relaciones interpersonales en que eres, o has sido tentado a enojarte o a amargarte. Elabora un plan bíblico para vencer el enojo o la amargura en estas situaciones y prepara un plan de contingencia para tratar con el enojo o la amargura que puede surgir de repente o inesperadamente. ***Prov 28:13***. Haz con diligencia lo planeado para no pecar más con respecto a estos dos hábitos, dependiendo del poder y de las provisiones de Dios.
- Practica el amor bíblico perdonando a los demás como Dios te ha perdonado, haciendo obras benignas y misericordiosas a las personas por las cuales te irritan ***Efesios 4:32***.

REACCIONES NO BÍBLICAS AL ENOJO Y LA AMARGURA

En ocasiones, puedes tratar de justificar tu enojo diciendo, ¨Dios se enojó y Jesús también lo hizo, así que yo puedo hacerlo también¨. Sin embargo, Dios es perfectamente santo, y tú no lo eres. La santidad, justicia, amor y perfección de Dios permanecen constantes, aun cuando Él es celoso tiene ira, lleva a cabo venganza y se indigna cada día. A diferencia de Dios, tu carne esta en conflicto continuo entre el bien y el mal. Como resultado, tendrás dificultad para responder, sin pecar, a situaciones de gran tensión emocional.

1- Algunos ejemplos de la Biblia de acciones ¡no! Bíblicas que resultan del enojo y la amargura:

- Simón, en su amargura, intento comprar la autoridad de Dios y fue públicamente reprendido por Pedro.

2- Algunas maneras no bíblicas para tratar con el enojo y la amargura

- Estallas enfureciéndote o encolerizándote, golpeando física o verbalmente a las personas o cosas.
- Expresa tu enojo exteriormente (sacas tu enojo golpeando objetos) mientras piensas o hablas de la persona con quien estás enojado o amargado.
- Controla tu mal genio en el trabajo (delante de tu jefe) y en la iglesia (delante de los hermanos), pero ejerces poco o ningún control en tu hogar o con tus seres queridos.
- Discutes todo lo que tiene que ver con estos dos hábitos ¨para conocer tus verdaderos sentimientos y liberas emociones reprimidas.
- Escribes cartas vengativas para expresar tu enojo o amargura pero no las envías.
- Describes tu enojo como indignación justa tu amargura como ¨justificable en vez de examinarlos bíblicamente y responder correctamente.

3- Algunas justificaciones no bíblicas para el enojo y la amargura

- Afirmas que otros y sus acciones son responsables por tu enojo o amargura
- Afirmas que las circunstancias pasadas, presentes y posiblemente futuras te han conducido al enojo y la amargura.
- Sin depender solamente del Señor y de Su Palabra, no puedes vencer el enojo o la amargura de una manera que de gloria a Dios.

LA PERSPECTIVA BIBLICA DEL ENOJO

Si fallas en tratar bíblicamente con el enojo, es inevitable que aumente la desobediencia a la Palabra de Dios. Sin embargo, los recursos abundantes y las promesas de Dios te permiten ser más que vencedor al tratar bíblicamente con el problema del enojo en tu vida

1- El enojo de Dios

- Aunque la Biblia describe a Dios airado, el permanece santo y sin pecado.
- Dios es lento para la ira y simultáneamente es misericordioso, compasivo, perdonador, lleno de gracia abundante en bondad y verdad.
- El enojo de Dios se dirige a la rebelión o a la desobediencia s Sus mandatos, los cuales son siempre santos y justos.

2- El enojo de Jesús

- Jesús se enojó por la hipocresía y lo legalista de los líderes religiosos, mientras que al mismo tiempo, estaba entristecido por la dureza de sus corazones. El sano aun hombre aun estando enojado.

- La Biblia no dice que Jesús estuviera enojado en la primera purificación del templo, sino que era movido por el celo divino por la casa de Su Padre. Luego, respondió a las preguntas de los líderes religiosos. Tampoco la Biblia registra que Jesús estuviera enojado en la segunda purificación del templo. Después de Sus acciones en esta ocasión, El sano a los enfermos y respondió a las preguntas de los líderes religiosos.

3- El enojo que no es pecaminoso

- La Biblia en ocasiones extremadamente raras y excepcionales registra que una persona consagrada a Dios estuviera enojada sin llegar a pecar.
- Ya que la Biblia declara que es factible para el hijo de Dios enojarse y no pecar, es posible hacerlo.
- Para poder airarte, pero no pecar, tienes que obedecer la Palabra de Dios sin excepción; debes seguir completamente el ejemplo de Dios y de Su hijo Jesucristo.

4- Enojo pecaminoso

- La Biblia enseña que el enojo del hombre no obra la justicia de Dios. Tu enojo, ya sea explosivo en su expresión o de naturaleza permanente, tiene que ser tajantemente eliminado si vas a ser conformado a la imagen de Jesucristo.
- Los arrebatos de enojo son obras de la carne y son características de un necio. Además de demostrar una falta del fruto del Espíritu Santo, una persona con un temperamento iracundo abunda en transgresiones y no es apta para asumir responsabilidades del liderazgo en la iglesia.
- El enojo contra un hermano en Cristo es condenado por nuestro Señor y muestra una falta de amor bíblico.

4- Enojo y el hombre interior

- Ya que tu corazón se revela por tus pensamientos, palabras y acciones, el enojo pecaminoso, revela que estás viviendo para agradarte a ti mismo.
- El que es lento para la ira tiene gran entendimiento, es mejor que el fuerte, es capaz de apaciguar la rencilla y es obediente a la Palabra de Dios.
- Una persona a menudo revela su fracaso para tratar bíblicamente con su propio enojo cuando juzga a los demás por ese mismo pecado.

LA PERSPECTIVA BIBLICA DE LA AMARGURA

El pecado de la amargura impide tu crecimiento espiritual y daña tus relaciones con los demás. Es la raíz de muchos problemas; hay que hacerla a un de tu vida con rapidez, y reemplazarla con la bondad compasiva y el perdón.

1- Las raíces para la palabra amargo o amargura, en las lenguas originales del Antiguo y Nuevo Testamento, son la base de las palabras que significan:

- Afilado, puntiagudo (como son las flechas, o como un olor o sabor penetrante), ajenjo (lo opuesto a dulce o fresco), o no comestible.
- Rebelde.
- Amargura de espíritu, desobediente (descontento).

2- La amargura está asociada con los extremos emocionales. Por ejemplo:

- La amargura es a veces una tristeza profunda que proviene de darse uno cuenta de ser infiel al Señor, se expresa con llanto violento o incontrolado... como fue experimentado por Pedro.
- La amargura es descriptiva del estado desesperado que a veces se experimenta debido a no acatar la disciplina del Señor
- La amargura expresa duda de la soberanía de Dios mientras estas experimentando la molestia de la aflicción y el sufrimiento.

3- La amargura esta mezclada o combinada con una falta de arrepentimiento y está vinculada con:

- La maldad de dejar al Señor y rebelarse contra El
- Mantener rencor contra alguien que te ha ofendido
- Las consecuencias del adulterio
- El pecado de los celos
- Las palabras de los malignos
- Los pecados de ira, enojo. etc.

4- El pecado de la amargura resulta de vivir para agradarte a ti mismo. A menudo tiene el fin de dañar a otras personas. Si no se trata bíblicamente, produce aún más pecado. Por ejemplo:

- Impide alcanzar la gracia de Dios
- Contamina a muchos.
- Al fin, te relaciona con personas impías e inmorales.

5- La amargura no debe caracterizar tu nueva vida en Cristo y debe ser despojada. Puedes vencer el pecado de la amargura recordando lo siguiente y respondiendo de una manera bíblica.

- En vez de estar amargado contra los demás, debes ser misericordioso y bondadoso con los demás, perdonando a cada uno, tal y como Dios lo hizo contigo.
- Para evitar amargura hacia Dios se diligente en la oración y da gracias a Dios continuamente.

VENCIENDO EL ENOJO Y LA AMARGURA

El enojo y la amargura que caracterizan al viejo hombre, a menudo acompañan una vida separada de Jesucristo. Estos hábitos pecaminosos no deben ser parte de tu nueva vida en Cristo. Siguiendo el camino de Dios, puedes vencer estas obras pecaminosas del hombre natural, aun si estos hábitos han dominado tu vida por años.

1- Elabora una lista de los pecados que te llevan a malas palabras, malos pensamientos y malas acciones y ten en cuenta las siguientes guías:

- Piensa como Jesucristo
- Habla como Jesucristo
- Actúa como Jesucristo
- Practica la mayordomía bíblica para honrar al Señor y ser de ayuda practica a los demás
- Continúa refinando tu plan para despojarte de las prácticas del viejo hombre al revestirte de las prácticas justas del nuevo hombre. Cuando eres pronto para oír, tardo para hablar, tardo para airarte y cuando practicas tu plan bíblico para vencer el enojo o la amargura, estas siendo renovado en el espíritu de tu de tu mente.

TALLER DE REPASO

1- Con tus propias palabras, escribe el significado de efesios 4:31-32 y de Santiago 1:19-20.

2- Escribe una lista de Reacciones no bíblicas del enojo y la amargura, y confiesa al Señor tus reacciones no bíblicas.

3- Haz un ensayo de La Perspectiva bíblica del enojo, y describe el enojo no pecaminoso de Dios, Jesús y hombres notables de la Biblia, y esto te dará una base bíblica para determinar si tu enojo es pecaminoso.

1- Estudia La Perspectiva bíblica de la amargura y nota el plan de Dios para que evites este pecado.

LECCIÓN 12

AMANDO A NUESTRO PRÓJIMO

Texto Bíblico:
Mateo 5:23-24.

"Por tanto, si traes tu ofrenda al altar, y allí te acuerdas que tu hermano tiene algo contra ti, deja allí tu ofrenda delante del altar, y anda, reconcíliate primero con tu hermano, y entonces ven y presenta tu ofrenda".

Propósito de esta lección

Presentar el perdón de Dios hacia ti como un ejemplo de la manera bíblica en que debes perdonar a los demás; presentar los componentes necesarios y los pasos de reconciliación bíblica. Examinar los conceptos equivocados sobre el perdón bíblico.

Introducción

La característica distintiva de un cristiano es la práctica del amor de Cristo. Una parte de hablar bíblicamente es el perdón fiel y constante de los demás. Esto indica tu agradecimiento y comprensión del perdón de Dios, el cual está a tu disposición a través de la muerte y resurrección de Su hijo, Jesús

Desarrollo

El primer mandamiento y el más grande es amar al Señor tu Dios con todo tu corazón, con toda tu alma, con toda tu mente y con todas tus fuerzas. El segundo es amar a tu prójimo como ya te amas a ti mismo. El primero puede parecer simple de hacer, pero la realidad de amar a Dios con tal intensidad está directamente vinculada con amar a los demás bíblicamente ***Mateo 22:36-40.***

1- La perspectiva de Dios

- Si no amas a los demás, no amas a Dios. Si bíblicamente no perdonas a los demás, no serás perdonado por Dios. El perdonar a los demás demuestra tu obediencia a la Palabra de Dios y tu amor por Jesús. Cuando perdonas a los demás, indicas tu agradecimiento a Dios por Su perdón gratuito hacia ti a través de Jesucristo ***Mateo 18:21-35***

- Aun si estas adorando al Señor y recuerdas que alguien (cónyuge, hermano, vecino, compañero de trabajo, etc.) tiene algo en tu contra, debes dejar tu adoración, ir y buscar reconciliación, y luego regresar a tu adoración. Se te ordena en el nombre de Jesús, eliminar las divisiones entre los creyentes, ya que la unidad en el cuerpo de Cristo se encuentra en el Espíritu Santo. La unidad en una misma mente y en un mismo propósito debe caracterizar a los cristianos ***Juan 17:20.***

2- Tú esperanza

- Puedes amar hasta tus enemigos, ya que el amor bíblico no depende de tus sentimientos si no de un acto de tu voluntad ***Juan 14:15***.

EL PERDÓN

El perdón de Dios rebosa de gracia abundante y misericordia que indulta al culpable. Aunque el perdón de Dios no necesariamente libera al ofensor de las consecuencias físicas o mentales de su pecado, si da completa extensión de la culpa del delito. Para que practiques el perdón de una manera bíblica, tienes que entender y aceptar el perdón gratuito de Dios hacia ti, y tienes que seguir Su ejemplo de otorgar perdón a los demás ***Salmo 103:10.***

1- Comprendiendo el perdón de Dios

- La naturaleza de Dios es perdonar pecados ***Nehemías 9:16-17.***
- Él está dispuesto a perdonarte, aunque tú seas tu enemigo y antes de que pudieras pedir o recibir perdón ***Salmo 86:5.***
- Él te perdona por Su misericordia y gracia y no porque hagas méritos ***Romanos 5:6-8.***
- Cuando Dios te perdona, Él lo hace completamente ***Salmo 103:10-12.***
- Cuando Dios te perdona, El ya no cargara la culpa (condenación) de tu pecado a tu cuenta ***Romanos 3:24-25.***
- Cuando Dios te perdona, El quita el pecado de ti y de Su presencia y promete nunca más acordarse de ellos en tu contra ***Hebreos 10:14-18.***

2- Respondiendo al amor de Dios *Salmo 103:10.*

- Debes perdonar a los demás como Dios te ha perdonado
- Perdonar sobre la base de la gracia, no en el mérito de la persona a ser perdonada
- Perdonar completamente y no recordarle a la otra persona su falta de una manera acusativa, aunque quizás no sea apropiado liberar al ofensor de todas las consecuencias de su pecado.

3- Rehusando a perdonar *Mateo 6:14-15*

- Ya que se te ordena perdonar a los demás, pecas cuando te niegas a perdonar

- Cuando no perdonas a los demás, lo que realmente muestras es tu vil ingratitud por el perdón misericordioso de Dios por ti.
- Cuando no perdonas a los demás, Dios como tu padre retiene el perdón de tus transgresiones cotidianas.

RECONCILIACIÓN

Pedir perdón a los demás de una manera bíblica, implica reconocer que has pecado en su contra y que deseas misericordia y perdón. Pedir perdón es un paso vital hacia la reconciliación y puede llevar al cambio en la relación. Para que se lleve a cabo la completa restauración, hay que dar pasos bíblicos específicos de acción.

1- Arrepentimiento *Salmo 51:12-13.*

- El arrepentimiento bíblico produce un cambio, de la desobediencia al comportamiento obediente a la Escritura.
- El arrepentimiento bíblico reconoce el pecado y se responsabiliza personalmente por él.
- El arrepentimiento bíblico tiene como consecuencia un corazón quebrantado (contristado por el pecado) y contrito.
- El arrepentimiento bíblico elimina las cosas materiales que recuerdan los pecados pasados, ya que estas a menudo son el origen de tentaciones para seguir pecando.

2- Confesión

- Debes reconocer ante Dios los pecados que has cometido en Su contra y en contra de los demás, con el compromiso de renunciar a ellos Debes confesar los pecados a Dios en todo lo relacionado con el pensamiento, palabras y acciones.

3- Restitución

- La restitución bíblica debe hacerse siempre que sea posible. En el caso de adulterio, el perdón es posible, pero la restitución es posible.
- La restitución bíblica debe hacerse con aquellos en contra de quienes has pecado.
- Ya que la meta de la restitución bíblica es estar en paz con tu prójimo, no debes intentar congraciar la relación o manipular a la persona para que responda en la manera en que desees.
- La reconciliación bíblica solo se puede hacer estando reconciliado con Dios a través de Jesucristo.

4- Obstáculos a la reconciliación ***Santiago 2:10.***

- El no atender bien o la falta de perdón bíblico de parte de la otra persona puede impedir la reconciliación

- La persona a quien has ofendido puede minimizar el asunto diciendo: Ah, este bien. No hay problema. Sin embargo, tienes que hacerle ver que fue serio para Dios y para ti, debido a que esto fue pecado en tu vida. Tienes que asegurarte que quieres reconciliarte completamente con él. Debes enfatizar que no deseas ignorar o minimizar tu falta y que esperas cambiar en esa área y vivir a la manera de Dios.
- Puede ser que el ofendido no te perdone. En este caso, recuerda que solamente eres responsable por lo que Dios te ordena hacer; lo que haga la otra persona es entre ella y Dios. Sin embargo, al buscar la reconciliación y la paz con otro, asegurarle que realmente deseas su perdón y que tienes el propósito de cambiar.

5- ¿Sera posible o necesario que te perdones a ti mismo?

- La sabiduría del hombre a menudo enseña que el perdonarse a si mismo es un prerrequisito para experimentar la paz y el gozo. El perdonar el yo generalmente se escucha de expresiones tales como, simplemente no me puedo perdonar por lo que he hecho, o debes aprenderte a ti mismo para liberarte de la culpa. Aun hasta el creyente equivocadamente podría decir: Ahora que Dios me ha perdonado, necesito perdonarme a mí mismo.
- Recibir el perdón de Dios no es cuestión de ¨sentirse perdonado¨; más bien es un asunto de confiar en Dios y en Sus promesas.
- Cuando recibes el perdón de Dios para Salvación, pasas de muerte a vida, anulando de una vez el juicio y la consecuencia final de tu pecado.
- Sin embargo, recibir el perdón de Dios no garantiza que todas las consecuencias de tu maldad serán eliminadas (Ejemplo, problemas judiciales, hay que arreglarlos). Aun cuando El Señor perdono a David por su adulterio con Betsabé, el niño que nació de esta relación, murió.
- Un rechazo constante de perdonar a los demás de una manera bíblica, revela un espíritu de rencor e indica que el nuevo nacimiento espiritual no ha ocurrido, sin embargo, el verdadero hijo de Dios podría pecar

- colocando su enfoque en sí mismo y fallar en conceder perdón a otra persona en una situación particular.
- La Biblia enseña que el perdón de Dios implica no recordar más los pecados en tu contra. Esto quiere decir que El no tendrá en tu contra tus pecados, ya que has sido limpiado con la Sangre de Jesucristo.

TALLER DE REPASO

1- Con tus propias palabras, escribe el significado de ***Mateo 5:23-24*** y memorízalo

----

1- En esta lección marca cualquier frase que señale los cambios que harás para perdonar a tu prójimo bíblicamente.

2- Como parte de tu plan para practicar el perdón bíblico, escribe exactamente lo que necesitas pedir para pedirle perdón a alguien por una ofensa que has cometido en su contra. Si hay alguien a quien debes pedir perdón, hazlo. Recuerda que solamente eres responsable por tu obediencia al Señor; no eres responsable por la respuesta de la otra persona.

LECCIÓN 13
RESTAURACION EN LA PAREJA

Texto Bíblico:
Efesios 5:21-22, 25

Someteos unos a otros en el temor de Dios. Las casadas estén sujetas a sus propios maridos.

Maridos, amad a vuestras mujeres, así como Cristo amo a la iglesia, y se entregó a si mismo por ella.

Propósito de esta lección
Presentar el plan de Dios para la relación en el matrimonio, enseñar cómo tratar con los problemas del matrimonio de una manera que agrade al Señor.
Introducción

La relación del matrimonio debe reflejar la relación entre Jesucristo y Su iglesia.

Desarrollo

El propósito de Dios y lo que El espera del matrimonio es que sea un compromiso de por vida entre un hombre y una mujer, basado en los principios del amor bíblico. La relación entre Jesucristo y Su iglesia es el ejemplo supremo del amor de compromiso que el esposo y la esposa deben seguir, el uno con el otro, en su relación.

1- La perspectiva de Dios

- El matrimonio no es una conveniencia social ni una simple invención para vivir juntos... Dios los ha instituido para ser un pacto de compañerismo y de complemento mutuo, además tiene el propósito de que los esposos se reserven mutuamente en su relación física o sexual ***1 Corintios 7:2-5.***
- El matrimonio ha sido diseñado para ser una relación de unidad y para ser una sola carne ***Génesis 2:24***.

EL MODELO BÍBLICO PARA EL MATRIMONIO

Aunque hay pocos pasajes en la Biblia que específicamente se refieren a la relación del matrimonio, estos aportan todo lo necesario para comprender la elevada perspectiva que Dios tiene de él.

1- Dios ha instituido el matrimonio

- Cuando contraes matrimonio, te comprometes a ti mismo en un pacto delante de Dios aun compañerismo de por vida con tu cónyuge
- Tu compromiso de compañerismo está diseñado para proporcionar ayuda mutua y para unirte con tu pareja en cada aspecto de la vida ***Génesis 2:18.***
- Tu compromiso de compañerismo esta soberanamente instituido y establecido por Dios, y nunca se debe deshacer. Solamente el adulterio puede llevar al rompimiento del pacto de la relación del matrimonio ***Marcos 10:2-11.***

2- Dios ha establecido la naturaleza del matrimonio

- El amor bíblico por tu cónyuge debe basarse en el amor de Dios por ti.
- El matrimonio debe ser una relación de intimidad, no solamente física sino también en mente y propósito.
- A los ojos de Dios, los esposos tienen el mismo valor, pero tienen diferentes responsabilidades.
- Como todas las relaciones basadas en la Biblia, los esposos deben buscar tener la misma mente y el mismo sentir.
- Toda relación matrimonial se debe basar en los principios de la Biblia.
- Si tu cónyuge no es creyente, no pierdas la esperanza cuando tu pareja no basa sus decisiones únicamente en la Biblia, ya que el hombre natural (no creyente) no puede entender ni aceptar las cosas de Dios ***1 Corintios 2:14.***
- El cónyuge creyente tiene la responsabilidad de presentar la Verdad de Dios al compañero no creyente, en palabras y acciones que honren a Cristo en sujeción bíblica ***Hechos 1:8.***
- Para unirse uno con el otro deben dejar su hogar paterno ***Génesis 2:24.***

3- Dios ha hecho que la relación del matrimonio sea la base de la sociedad.

- El matrimonio está diseñado para darle estabilidad a la sociedad en sus relaciones y responsabilidades.
- El matrimonio está diseñado para dar estabilidad necesaria para la extensión de la familia.

CONFLICTOS MATRIMONIALES

Muchos conflictos en el matrimonio son el resultado de vivir para agradarse a sí mismo en vez de vivir para a gradar a Dios. Estos conflictos se pueden resolver y realmente, son oportunidades para el crecimiento espiritual cuando se tratan bajo los principios de la Biblia.

- Cuando se vive para agradarse a sí mismo, cada uno culpara al otro por los problemas y las dificultades aun cuando ambos esten pecando.
- Cuando se vive para agradarse a sí mismo, a menudo tratan de resolver los conflictos de una manera carnal.

- Dios desea que los conflictos de pareja se resuelvan para el beneficio de cada cónyuge mientras cada uno busque agradar a Dios en la relación de pareja.
- La pareja debe acercarse a Dios especialmente en tiempos difíciles o de conflicto.

DEMUÉSTRALE AMOR A TU PAREJA

Muchos matrimonios se están desintegrando o ya se destruyeron debido a que las parejas no han amado de acuerdo a plan divino. Aun cuando nunca hayas conocido o practicado el amor bíblico, Dios, por Su gracia te dirige a la comprensión perfecta del amor, ya que el amar de esta manera es posible para cualquier creyente. Si has fallado en practicar el amor bíblico, puedes ser restaurado por Jesús.

1- Tu amor por tu cónyuge no se debe basar en tus emociones, circunstancias o las relaciones de tu pareja. En cambio debes amar a tu pareja en obediencia al Señor y en respuesta a Su amor por ti. Recuerda que Dios no te ordena que tengas el sentimiento de amar. Más bien, Él te manda a pensar, hablar y actuar de una manera amorosa, aun cuando tu pareja:

- Decide tener solamente un contacto superficial contigo, así como un prójimo cualquiera.
- Actúa como tu enemigo.
- Sea creyente o inconverso.

2- La solución de Dios a los problemas en tu matrimonio es para que:

- Hagas un compromiso pleno de agradar a Dios en todas las cosas
- Examines y juzgues tus propias fallas de una manera bíblica
- Busques edificar a tu pareja bíblicamente.
- Busques resolver los conflictos y vivas en paz con tu pareja.
- Refrénate de juzgar o criticar a tu pareja, sino, más bien, edifica a tu pareja con palabras suaves que den gracia y que sean de ayuda.
- Cero contiendas con tu pareja; en cambio, fomenta la armonía en tu hogar con gentileza y diligencia al considerar a tu pareja como más importante que a ti mismo.
- No intentes manipular a tu pareja (es decir practicar el amor con hipocresía); en cambio vence el mal con una devoción respetuosa y comprensiva.
- La irritación en ti es una señal de que necesitas cambiar. Tu corazón se da a conocer por la manera en que respondes.
- Tu paz y tu gozo no depende de las acciones de tu pareja.
- Las situaciones y las personas difíciles te dan una oportunidad para crecer en Cristo y para manifestar la gloria de Dios a los que te rodean.

TALLER DE REPASO

1- Con tus propias palabras, escribe el significado de ***Efesios 5:21-22 y 25*** y repasa los versículos memorizados.

2- Bíblicamente como resolverías o ayudarías en un caso de una pareja que está a punto de divorciarse.

3- Bíblicamente como ayudarías a alguien que ha sufrido abandono de hogar.

LECCIÓN 14

RELACIONES ENTRE PADRES E HIJOS (PRIMERA PARTE)

Texto Bíblico:
Ezequiel 18:20

"El alma que pecare, esa morirá; el hijo no llevara el pecado del padre, ni el padre llevara el pecado del hijo; la justicia del justo será sobre él, y la impiedad del impío será sobre él".

Efesios 6:4

Y vosotros, padres, no provoquéis a ira a vuestros hijos, sino criadlos en disciplina y amonestación del Señor.

Propósito de esta lección

Presentar el plan de Dios para la relación entre padres e hijos. Contrastar las filosofías del hombre con las directrices de Dios en cuanto a la crianza de los hijos, presentar los lineamientos bíblicos para la crianza de los hijos en la instrucción y disciplina del Señor, pero sobre todo mostrar la importancia de que los padres provean instrucción bíblica para sus hijos.

Introducción

Los padres tienen el bendito privilegio y la gran responsabilidad delante del Señor de criar a sus hijos de una manera responsable, y además de prepararlos para que comprendan los principios de la Biblia. Hacerlo bajo estos parámetros se obtendrá las bendiciones del Señor en el hogar.

Desarrollo

Los principios y preceptos de Dios se aplican, tanto los padres como a los hijos. Los padres deben ser de una sola mente al enseñar la Biblia a sus hijos de una manera que agrade a Dios; los hijos deben responder fielmente a esta instrucción, como para el Señor.

1- La perspectiva de Dios

- Los hijos son un regalo de Dios, y por lo tanto deben ser criados de acuerdo a las directrices de la Biblia y no según los criterios o filosofías de los padres y del mundo **Prov. 3:5.**
- Los hijos deben honrar y obedecer a sus padres en el Señor, ya que es lo correcto y es lo que le agrada a Dios

2- Tú esperanza

- Dios puede y hace que todas las cosas ayuden a bien para aquellos que le pertenecen y le aman, nadie, ni siquiera tus hijos o tus padres, pueden evitar Su obra en tu vida **Romanos 8:28-29**.
- Mientras estudias y sigues la Palabra de Dios para tu vida y para la formación de tus hijos, y eliminas en forma definitiva, toda dependencia de ti mismo, tu trasfondo o tu educación obtendrás la sabiduría y la dirección que necesitas para ser un padre temeroso de Dios **Prov. 3:5-6.**
- Hijos, cuando se despojen de la desobediencia, de la necedad y la rebelión y se revistan con honor y obediencia al Señor y a sus padres, entonces Dios los bendecirá. Atiendan a la instrucción y disciplina de sus padres, para que sean sabios **Prov. 13:1.**

TEORÍAS Y PRÁCTICAS DEL HOMBRE PARA CRIAR A LOS HIJOS

Muchas de las filosofías del hombre para la crianza de los hijos, típicamente tienen su origen en experiencias individuales. Además, en el área de la formación de los hijos hasta los cristianos a menudo buscan el consejo del mundo, o del sentido común, en lugar del consejo de la Biblia, que es la única autoridad y norma totalmente suficiente. Veamos algunas características de crianza según el hombre:

1- El enfoque moderno de las teorías del hombre sobre la formación de los hijos, es la exaltación de sí mismo y la importancia de las emociones, tanto con respecto a los padres, como a los hijos. La sabiduría del mundo te enseña que tienes que criar a tus hijos para que tengan una buena autoimagen y que tú y tus hijos tienen que analizar y entender sus sentimientos (lo que conlleva a vivir por las emociones).

2- Algunas de las explicaciones equivocadas del hombre para los problemas entre padres e hijos.

A- En la sabiduría del hombre encontramos muchas razones que conducen al fracaso de los padres a la hora de criar a los hijos, tales como:

- Los padres son deficientes en las habilidades para formar a sus hijos.
- Los padres carecen de la aptitud para la resolución de conflictos.
- Muchos padres no recibieron amor y tampoco tuvieron un modelo apropiado a seguir de parte de sus progenitores; por lo tanto, no son capases de amar y criar a sus propios hijos.

- Los padres que abusan, verbal y físicamente de sus hijos, intentan remontarse al pasado y echar la culpa de sus acciones y sus fracasos a sus padres, quienes los abusaron de esa misma manera, cuando ellos eran niños.
- Una madre o un padre soltero, divorciado, no tiene la ayuda suficiente para criar a sus hijos apropiadamente.
- La falta de dinero y oportunidades de un padre le impide que los hijos tengan ventajas materiales.
- A pesar de todos los esfuerzos, los padres pueden tener hijos que no los respeten.
- Los padres de hoy día simplemente no dedican el tiempo necesario a sus hijos.
- Muchos padres no entienden todas las presiones que están sufriendo sus hijos y por esta razón fracasan a la hora de educarlos.

3- Algunos de los intentos inútiles del hombre para resolver los problemas entre padres e hijos.

A- Soluciones que dan los padres:

- Lee libros y asiste a seminarios
- Recibe terapia o consejería psicológica para tratar con la falta de amor mostrado por tus propios padres.
- Busca a alguien que te escuche los problemas
- Divórciate de un cónyuge que no colabora; luego, si es posible, cásate con alguien que de veras te ayude a criar a los niños.
- Nunca moralices; se cuidadoso de no imponer demasiado pronto las normas de Dios, por medio del uso excesivo de la Biblia, deja que los hijos hagan lo que quieran, ya que ellos harán lo que sientan de todos modos y únete a un grupo de apoyo o de terapia para padres que tengan problemas similares.

B- Soluciones que se dan a los hijos:

- Busaca un adulto para que sea tu padre sustituto.
- Por fuera se amable, pero haz lo que quieras de todos modos, ya que solo puedes decidir lo mejor que es para ti.
- No hagas caso a tus padres.
- Vete de tu casa si tus padres son demasiado restrictivos.
- Acepta el hecho de que tendrás los mismos problemas de tus padres.
- Sé más agresivo en expresar a tus padres exactamente cómo te sientes, y dales solamente el respeto que se ganen.
- Enfócate en tu propio desarrollo y aprende a ser tú mismo y únete a un grupo de apoyo o de terapia para gente joven tal como tú.

4- Algunos puntos de vista no bíblicos que se dan dentro de la iglesia en cuanto a la crianza de los hijos

A- Asesoría o consejo no bíblico que se da a los padres:

- Tienes que aprender a ser padre de las personas que han tenido las mismas experiencias por las que tu estas pasando, ya que ellos son los únicos que, verdaderamente comprenden tus luchas.
- Enséñale a tus hijos a confiar y a depender de ti en primer lugar; luego enséñales a depender del Señor. Es esencial ganar su confianza antes que puedan confiar en Dios.
- No uses constantemente la Biblia cuando les hables a tus hijos sobre sus vidas. El uso excesivo de la Biblia podría causar que se resintieran con la Palabra de Dios.
- Cuando se trata de criar a los hijos, realmente solo se necesita el sentido común.
- Si tus hijos son desobedientes a tus normas, castígalos severamente. Hazles saber que no pueden evadir las consecuencias al romper las reglas.
- Para tus hijos, tú eres el modelo que representa al Señor. La manera en que los hijos vean a los padres, será la manera en que ellos vean a Dios.
- Todos los hijos se entregan a excesos juveniles. Es una etapa que tiene que atravesar; pero no te preocupes, saldrán abantes.

B- Asesoría o consejo no bíblicos que se dan a los hijos:

- Tu eres el dueño de tu propio destino debido a tu potencial interior, nadie ni siquiera tus padres, tienen derecho alguno a dictarte órdenes.
- Dios quiere que te sientas bien a ti mismo. Encuentra algo que hagas bien y sobresale en eso
- Seguramente van a haber ocasiones en que tú y tus padres estén en desacuerdo. Cuando lo estén, aprende a escribir, a manera de cuento, sobre cómo te sientes y como te gustaría tratar con tus padres. Anota todo tu enojo en un papel y te sentirás mejor, porque esto te ayudara a deshacerte de tus sentimientos de enojo.
- Explícales a tus padres de cuanto has sido privado, debido a que ellos no te han permitido hacer lo que quieres. Diles cómo es que piensas que has sido maltratado.
- Hay otros adultos en la iglesia que son más compasivos que tus padres, búscalos y cuéntale todos tus problemas. Si es necesario, busca un consejero profesional. Si tus padres no entienden, no es necesario que intentes comunicarte con ellos.

GUIANZA PARA LA FORMACIÓN DE LOS HIJOS

Padres, al guiar a sus hijos en los caminos del Señor, sean diligentes para examinar continuamente su andar personal con Jesucristo.

Empiece hablar y a planear la formación de sus hijos, aun antes de que nazcan. Para criar a sus hijos, oren habitualmente mientras aprenden y ejercitan las directrices bíblicas. Después del nacimiento de los hijos, aférrense al compromiso de seguir la Palabra de

Dios para la preparación de cada niño, de acuerdo a su edad y a sus necesidades individuales y formativas **Prov. 16:3.**

1- Tener fiel compromiso con Dios y Su Palabra.

2- Compromiso de ambos padres entre sí.

3- El compromiso de padres creyentes para con sus hijos.

- Los padres deben cumplir con las responsabilidades que tienen con sus hijos como siervos de Dios, siguiendo el ejemplo bíblico.

4- Cuando los padres pecan tienen el deber de pedirle perdón a Dios, de igual manera cuando los padres fallan contra sus hijos de igual manera deben pedirles perdón.

5- No provocar a ira a sus hijos; en cambio debe criarlos en disciplina e instrucción del Señor, instruyéndolos con gentileza, reprensión y corrección, de la siguiente manera:

- Lleva a cabo la disciplina con amor y ejecútala pronto para restaurar a tu hijo en tanto hay esperanza **Prov. 19:18**.
- Adapta la firmeza de la disciplina a la voluntad del niño para regresar y seguir el camino de Dios **Hebreos 12:11.**
- Si un hijo persiste en la necedad (demostrado por la desobediencia continua y la falta de respeto), usa la sabiduría de Dios como un instrumento de disciplina para la restauración.
- Si el niño se arrepiente de sus faltas, pon en práctica la compasión misericordiosa como lo hace Dios con aquellos que pecan y se arrepienten **Salmo 103:10-14**.

6- El compromiso de los hijos con Dios

Los hijos deben demostrar su compromiso con el Señor a través de su conducta, sus palabras y sus acciones.

7- El compromiso de los hijos con sus padres

A- Los hijos deben dejar de faltarle el respeto a sus padres y deben honrarlos, como resultado de un compromiso de agradar al Señor.

B- Los hijos deben obedecer a sus padres como resultado de un compromiso de agradar al Señor en todas las cosas.

ACCIONES DE LOS PADRES QUE PROVOCAN A IRA A LOS HIJOS

- La impaciencia, es decir, no aguardando a que tu hijo acabe una tarea o apresurándolo para hacer algo que está más allá de sus capacidades.

- La falta de amabilidad, es decir no proveyendo las necesidades físicas de tu hijo, debido a que este demasiado ocupado con tus propios intereses.
- 3- Los celos, es decir, intentando probarle a tu hijo que puedes hacer algo mejor que él.
- 4- La jactancia, es decir, diciendo cosas como a mí sí que me fue duro cuando tenía tu edad¨.
- 5- La arrogancia, es decir, diciendo cosas como hagámoslo a mi manera, ya que soy mucho más listo y soy mayor que tu¨.
- 6- Acciones impropias, es decir, avergonzando y rebajando a propósito a tu hijo, hablando de sus fracasos y fallas entre otros.
- 7- Salirte con la tuya, es decir, insistiendo en que tú hijo o familia haga exclusivamente lo que tú quieres hacer.

TALLER DE REPASO

Con tus propias palabras, escribe el plan de Dios para que los padres y los hijos vivan juntos de una manera que agrade al señor, según **Ezequiel 18:20 y Efesios 6:4.**

Si eres padre, escribe las áreas en las que ha fallado frente a sus hijos. Y pídele perdón a tus hijos.

Nota que la instrucción bíblica está diseñada para enseñarnos a seguir el camino de Dios, en vez del camino del hombre. Escribe especialmente los métodos que Jesucristo uso en la preparación de sus discípulos.

LECCIÓN 15

RELACIONES ENTRE PADRES E HIJOS (SEGUNDA PARTE)

Texto Bíblico:
Efesios 6:1-3

"Hijos, obedeced en el Señor a vuestros padres, porque es justo. Honra a tu padre y a tu madre, que es el primer mandamiento con promesa; para que te vaya bien, y seas de larga vida sobre la tierra."

Propósito de esta lección

Presentar los principios de discipulado bíblico en el hogar; examinar la necesidad que tienen los padres de disciplinar a sus hijos de una manera bíblica, presentar guías y sugerencias para el devocional familiar, y proveer un plan bíblico completo para la crianza de los hijos bíblicamente.

Introducción

Dios ha expuesto clara y específicamente Sus normas en toda la Biblia para que todos sus miembros obedezcan y de paso recibir la bendición de una familia saludable. Pero, por otro lado, aquellos que descuidan o desobedecen las normas de Dios recibirán Su juicio que conduce a la disciplina correctiva.

Desarrollo

Las normas y las metas de Dios son las mismas tanto para ti como para tus hijos. Están reveladas en la Palabra de Dios y están diseñadas para desarrollar en ti, y en cada uno de los miembros de tu familia, un carácter semejante al de Jesucristo.

1- Tu cambio

- Padres, dejen de provocar a sus hijos; en cambio, disciplínelos e instrúyalos en el Señor. Mientras continúen juzgándose a sí mismos en todas las áreas de la vida, deben preparar a sus hijos para que se deleiten en el Señor y para que anden fielmente en Sus caminos **Timoteo 3: 14-17.**
- Los padres, deben servir a sus hijos con amor a través de la enseñanza fiel de la Biblia y de la disciplina para formarlos en los caminos del Señor. No deben insistir

en que la obediencia de ellos sea solamente sobre la base de la autoridad de los padres, ni deben depender de ninguna capacidad propia. Más bien, deben ministrar fielmente a sus hijos como siervos del Señor Jesucristo.

- Hijos, deben aprender con buena voluntad de sus padres cuando ellos les enseñen los preceptos, los principios y los caminos del Señor. Deben tomar en consideración la enseñanza, la represión y la disciplina de sus progenitores y de otras personas espiritualmente maduras, como si están vinieran del Señor. Al hacer esto, obtendrán sabiduría y no serán atrapados por el engaño o la maldad de otros ni por sus falsos caminos. Además, dejen de menospreciar o descuidar la enseñanza de sus padres, y tomen en cuenta su enseñanza y amonestación.

2- Tú practica

- Tú, como padre, basándose en las normas de Dios para la vida, reveladas en Su Palabra, debes terminar responsabilidades bíblicas y tareas que le conducirán, tanto a ti como a tus hijos, a la disciplina de sí mismos, para la santidad de vida, trayendo como consecuencia la gloria de Dios. **1Pedro 1:7.**
- Aunque no seas adulto, debes vivir de una manera que sea agradable al señor, mientras prosigues en tu andar cotidiano, y ser de esta manera, ejemplo de un verdadero cristiano. La obstinación y la rebelión no deben ser parte de su vida mientras honras y obedeces continuamente a tus padres. Sé un buen administrador, aun desde tu juventud, de todo lo que el Señor te ha provisto para demostrar tu fidelidad a Dios. **Colosenses 3:23- 24.**

PREPARANDO LOS HIJOS PARA QUE SEAN FIELES

Los padres pueden criar con toda confianza a sus hijos, de acuerdo a la Palabra de Dios. Al hacerlo, deben recordar que ellos no son sus "posesiones" sino que son un regalo de Dios para ambos. Deben practicar la fiel administración de sus vidas. **1 Tesalonicenses 2:3-3.**

1- Principios para preparar a los hijos para que sean fieles al Señor.
Al criar a tus hijos recuerda que los estas formando para que vivan como personas que caminaran de una manera digna del Señor, y para agradarle en todos los aspectos.

A- Tienes que enseñarles y guiarles en la manera en que deben vivir, la cual no es su inclinación "natural". Debido a que cada persona nace con una naturaleza pecaminosa, tus hijos en primer lugar, tienen que ser regenerados (tener un nuevo nacimiento espiritual) y luego andar en pos del propósito de su vida y en el poder del espíritu Santo **Romanos 8: 1-10.** Esto quiere decir:

- Para formar a tus hijos, no debes buscar en ninguna fuente mundana para obtener dirección. Tu compromiso con la Palabra de Dios tiene que mantenerse sin vacilaciones, ya que la Escritura da la verdadera sabiduría para el entrenamiento de tus hijos **Isaías 55:8-11.**

- Tienes que reconocer que no eres la última en la vida de tus hijos. Son un regalo del Señor hacia ti, para tu administración temporal. Debes ayudarles a que reconozcan su necesidad de llegar a ser hijos de Dios a través de la salvación; esto los guiara a vivir en obediencia a la Palabra de Dios. **Lucas 11:28.**
- No obstante, cuando ames a tus hijos, tienes que reconocer que Dios Padre los ama mucho más. En las vidas de tus hijos creyentes. **Romanos 5:8**.
- Tu responsabilidad es enseñarles a esperar que vengan pruebas, sin importar cuando desees mantenerlos alejados de la adversidad. Debes enseñarles a regocijarse cuando las estén pasando, y a crecer en la semejanza de Cristo a través de ellas, al aprender la obediencia, siendo fieles. **Romanos 5:3-5**.
- Debes tener en mente que, desde su formación, Dios les ha dado a cada uno de tus hijos diferentes habilidades y talentos de acuerdo a Su soberanía. Tienes que tratar con el entrenamiento de cada uno de tus hijos: La manera en que Dios obra en la vida de cada niño. **Prov. 22:6.**

2- Áreas de las vidas de tus hijos en las cuales es necesaria la formación a través de tu ejemplo, instrucción y disciplina.

- En sus vidas personales, debes preparar a tus hijos a través del ejemplo, la enseñanza, el estímulo, el apoyo, la amonestación y la disciplina.
- Debes enseñarles continuamente la Palabra de Dios y animarlos a que la practiquen a diario.
- Ayudar a tus hijos a comenzar a desarrollar el hábito de la memorización de las escrituras.
- Enseñarles a orar con regularidad, orando con ellos al despertar, al comer, al acostarse por la noche y durante el día cuando surjan necesidades o asuntos de oración.
- Darles un sólido cimiento en el conocimiento de la Biblia a través de tu ejemplo, enseñándoles como estudiar la biblia por ellos mismos.

3- Formarlos en sus relaciones interpersonales.

- Obedecer y honrar a sus padres
- Cuidar a sus hermanas y hermanos.
- Enfrentar los problemas sin eludirlos.
- Servir a los demás
- Estar en paz con todos los hombres, hasta donde dependa de ellos.

COMPRENDER LA DISCIPLINA ESPIRITUAL

Disciplinar (es decir, formar, educar, corregir) fielmente a tu hijo de una manera que le agrada al Señor, es una expresión del amor bíblico. Además, es un paso de obediencia para ti como padre y provee a tu hijo la dirección divina **Prov. 13:24.**

1- ¿Qué significa la disciplina?

- La Palabra de Dios enfatiza que el propósito de la disciplina Cristocentrica es enseñarle a uno a seguir el camino de Dios en vez del camino del hombre. **Hebreos 12:9-11.**
- En el Antiguo Testamento, la palabra primordial traducida como "disciplina", también se traduce como "entrenar "o "corregir".

2- ¿Por qué es necesaria la disciplina?

- La reprensión en la disciplina es la manera en que Dios evita que tú y tus hijos se extravíen en el pecado y desobediencia. **Salmo 119:67.**
- La disciplina de Dios, que a menudo se aplica a los hijos a través de los padres, es para bien. La disciplina los guarda de ser condenados junto con el mundo, y produce un carácter de justicia a los que, por medio de ella, han sido ejercitados. **Hebreos 12: 10-11.**
- Sin disciplina, la necedad del hijo lo llevara a la pobreza, a la vergüenza y a un estilo de vida egocéntrico, que avergonzara a sus padres. **Prov. 13:18.**

3- ¿Cómo y cuándo se debe llevar a cabo la disciplina?

- La disciplina que aplican los padres se debe efectuar con amor, siguiendo el ejemplo de la corrección amorosa de Dios para con sus hijos. Ya que la disciplina bíblica está diseñada para producir un carácter como el de Jesucristo, los padres deben estar atentos en consultar la guía de la Biblia al momento de disciplinar. **Hebreos 12:10-11.**
- Explicarles que es la disciplina y las consecuencias de la desobediencia.
- Ya que la disciplina causa tristeza, confirma tu amor después de disciplinar a tus hijos. Si tu hijo reflexiona y se arrepiente de sus acciones equivocadas, practica la compasión como lo hace Dios con los que pecan y se arrepienten.

4- ¿Qué revela la disciplina?

- El amor por la corrección revela a los que aman la verdadera sabiduría. El rechazo de la corrección pone en evidencia a los insensatos.
- La formación de Dios para con sus hijos revela lo profundo de Su amor, porque El mismo inicia la restauración. Asimismo, los padres que están ejerciendo la disciplina espiritual con un niño, revelan de este modo, su amor por el Señor y para su hijo.
- El padre que no disciplina a su hijo, le demuestra que no lo ama.

TALLER DE REPASO

Con tus propias palabras, escribe el significado de **Efesios 6:13** y comienza a memorizarlo.

¿Cuáles cambios crees que debes hacer como padre?

¿Crees que has aplicado sabiamente la disciplina en tus hijos? y ¿Por qué?

LECCIÓN 16

TEMOR Y PREOCUPACIÓN - FACTOR DE RIESGO PARA UNA RECAIDA

Texto Bíblico:
MATEO 6:33-34

"Más buscad primeramente el reino de Dios y su justicia, y todas estas cosas os serán añadidas. Así que, no os afanéis por el día de mañana, porque el día de mañana traerá su afán. Basta a cada día su propio mal".

1 de Juan 4:8

El que no ama, no ha conocido a Dios; porque Dios es amor.

Propósito de esta lección

Recordarte que Dios tiene los recursos para ayudarte a vencer el temor y la preocupación; prevenirte de situaciones en las cuales puedes ser tentado a tener temor y preocupación, mostrar como contribuye el amor de Cristo, la vida obediente y la oración con propósito a vencer el temor y la preocupación, también presentar un plan bíblico para vencer esta problemática y darte la oportunidad para que le ayudes a otros a vencer el temor y la preocupación a través de la continuación del caso para estudio.

Introducción

Las tentaciones al temor y la ansiedad son muy comunes y se pueden vencer cuando pones toda tu confianza en Dios para todas las cosas y todas las circunstancias. Mientras seas obediente a la Palabra de Dios, no serás paralizado por el temor y la preocupación. Más bien, experimentaras la paz y el gozo que Dios provee a través de nuestro Señor Jesucristo.

Desarrollo

El temor, la preocupación y la ansiedad son pecados que pueden paralizar tu mente, inmovilizar tu cuerpo e impedir tu crecimiento en Cristo. Adán y Eva inicialmente cometieron estos pecados en el jardín del Edén después de creer las mentiras de Satanás, y luego decidieron desobedecer a Dios. Satanás, y no Dios, están detrás de estos obstáculos a la madurez espiritual. Dios, bondadosamente te ha dado todo lo que es necesario para vencerlos.

LA PERSPECTIVA DE DIOS

El temor y la preocupación proceden de vivir para agradarte a ti mismo en vez de vivir para agradar al Señor. En lugar de tener un enfoque pecaminoso centrado en el yo, debes temer a Dios y también tener un interés genuino por los demás. **Filipenses 4:10**.

1- TU ESPERANZA

Dios no te ha dado un espíritu de cobardía (temor), sino un espíritu de valentía, de amor y de dominio propio (disciplina). **2 Timoteo 1:7**.

Dios te ha prometido proveer para todas las necesidades de tu vida, cuando lo buscas para agradarle. Dios siempre está cercano para ayudarte y está firmemente en control de cada aspecto de tu vida. **Salmo 139:1-18.**

2- TU CAMBIO

Echa fuera los pensamientos de cobardía, temor y aflicción. En su lugar, revístete de amor y dominio propio en el poder del Espíritu Santo. Reconoce que en Cristo tienes paz. **Juan 14:27**.

Despójate de las inquietudes egoístas del futuro. Revístete con la práctica de la Palabra dando énfasis especial a la oración con acción de gracias y en ocupar tu mente en los asuntos de Dios. **Colosenses 3:2.**

3- TU PRÁCTICA

Para tratar bíblicamente con el temor centrado en el yo, tienes que confesarlo al Señor y cumplir tus responsabilidades en el amor de Cristo, a pesar de cómo te sientes. **1 de Juan 4:8.**

Para vencer la preocupación, elabora un plan para llevar a cabo las tareas de hoy y haz cada una de corazón, como para el Señor. **Prov. 16:9**.

TENTACIONES AL TEMOR Y LA PREOCUPACION

Cuando vives para agradarte a ti mismo, las circunstancias que Dios diseña para enseñarte a confiar en Él y a obedecerle, se convierten para ti, en tentaciones al temor y a la preocupación. **1 de Pedro 5:5-7.**

Tu respuesta bíblica a las situaciones que te tientan a tener temor y preocupación

A. Debes amar a Dios. Esto dará como resultado, ejemplos como los que siguen:

- La salvación
- Sabiduría y conocimiento
- Confianza
- Salud rebosante
- Larga vida

- Viabilidad
- La bondad y misericordia de Dios por ti
- Galardón eterno
- El cuidado y la protección de Dios para tu vida
- La bendición de Dios
- Obediencia y motivación para servir a Dios
- Reposo
- Mucha confianza

B. No debes temer por lo que el hombre te pueda hacer. Más bien, debes confiar en Dios y responder con acciones motivadas por el amor genuino 2 Corintios 11:23-29.

C. No debes preocuparte (estar ansioso) ya que esto revela una falta de confianza en Dios e impide que seas espiritualmente fructífero. **Lucas 8:14.**

EL AMOR FRENTE AL TEMOR (el camino de Dios frente al camino del hombre)

El hombre a menudo teme las consecuencias a sus acciones y el "castigo" de la vida en general, porque no ha sido perfeccionado (madurado, completado) en el amor de Dios. El amor de Dios se perfecciona en ti cuando sinceramente crees en el Señor Jesucristo, permaneces obediente a la Palabra de Dios y amas a los demás en el cuerpo de Cristo. El amor se perfecciona de esta manera echa fuera todo temor. **Romanos 8:35-39.**

A. **El contraste entre el amor y el temor (lista de ejemplos)**

B.

EL CAMINO DE DIOS (AMOR)	EL CAMINO DEL HOMBRE (TEMOR)
El amor busca oportunidades para dar Juan 3:16-18.	El temor se mantiene cauteloso, precavido ante las posibles consecuencias de involucrarse
El amor pone su vida por los demás 1 de juan 3:16	El temor no se arriesga personalmente para ayudar a otro
El amor todo lo cree 1 de Corintios 7:13	El temor es sumamente desconfiado
El amor nunca falla 1 de Corintios 13.8ª	El temor provoca mayor temor – el no asumir responsabilidades trae mayor temor de las consecuencias por actuar irresponsablemente

El poderoso amor de Jesucristo vence el temor

A. El Señor Jesús al conquistar la muerte, libero a las personas que creen en El, del temor de la muerte, y rompió la esclavitud que tenían al pecado y a Satanás. **Hebreos 2:14-15**.

B. El amor de Dios por ti, demostrado con la muerte de Su Hijo en la cruz por tus pecados, te pueden traer a Su familia eterna a través de Jesucristo y de ese modo sacarte del temor. **Romanos 5:8.**

C. El amor de Cristo te da el poder para ser más que un vencedor en cualquier situación en la vida, al ejercitar su fe en El. **Filipenses 4:13.**

D. Dios, a través de Jesucristo, te ha otorgado poder y amor y disciplina (dominio propio), los cuales no pueden existir si hay espíritu de cobardía. **2 de Timoteo 1:7**.

El perfecto amor echa fuera todo temor

A. El amor perfecto de Dios se demuestra en el regalo de Su Hijo unigénito, Jesucristo. **Juan 3:16**.

- Tu capacidad para amar a los demás está basada en el amor de Dios por ti
- Debes seguir el ejemplo de tu Padre Celestial y practicar el amor perfecto hacia los demás, aun en circunstancias difíciles.
- Tu respuesta al gran amor de Dios por ti a través de Jesucristo, se demuestra obedeciendo Su Palabra en todas las cosas.
- El amor de Dios a través de Jesucristo se perfecciona (madura, completa) en ti cuando permaneces en El. Puedes estar seguro de que perteneces en El cuándo:
- Confiesas a Jesús como el Hijo de Dios.
- Guardas para obedecer la Palabra de Dios.
- Practicas el amor bíblico hacia los demás.
- En el grado en que el amor de Dios se perfecciona en ti, en esa misma medida serás capaz de conquistar el temor.

TALLER DE REPASO

Con tus propias palabras, escribe el significado de ***Mateo 6:33-36*** y comienza a memorizarlo.

¿Cómo crees que debes superar el temor o la preocupación?

Coloca una marca al lado de cualquier declaración que describa las situaciones que te tientan a tener temor o preocupación. Añade a esta lista cualquier otra situación en la que experimentes temor o preocupación y elabora planes bíblicos para ser vencedor en estas áreas.

LECCIÓN 17

LA DROGADICCION (PECADO) QUE DOMINA LA VIDA

Texto Bíblico:
Romanos 6:22

"Más ahora que habéis sido liberados del pecado y hechos siervos de Dios, tenéis por vuestro fruto la santificación, y como fin, la vida eterna."

Efesios 6:10-11

"Por lo demás, hermanos míos, fortaleceos en el Señor, y en el poder de Su fuerza. Vestíos de toda la armadura de Dios, para que podáis estar firmes contra la asechanzas del diablo."

Propósito de esta lección

Ayudarte a reconocer que la drogadicción dominan todas las áreas de un drogadicto; hacer una lista de algunas de las teorías y soluciones del hombre que son inadecuadas para tratar las adicciones que dominan una vida, ilustrar el efecto que tiene este pecado esclavizaste sobre todas las áreas de la vida de un drogadicto; y contrastar el poder victorioso que Dios tiene sobre este pecado, con el poder de Satanás con el cual intenta esclavizarte.

Introducción

Eres esclavo del pecado cuando, de buena gana o sin darte cuenta, te colocas bajo el control de alguien o de algo que no sea el poder del Espíritu Santo (Por ejemplo: drogas, alcohol, cigarrillo, sexo ilícito, ludopatía, etc.). Sin embargo, Dios ha quebrado el poder del pecado a través del Señor Jesucristo. Tú puedes vencer los hábitos pecaminosos dependiendo de la fuerza del Señor siendo obediente a Su Palabra.

Desarrollo

Siempre que consumes drogas, te colocas bajo su control, mientras estés esclavizado a ese pecado, no puedes afirmar de todo corazón que estas siguiendo a Jesucristo. Si continúas consumiendo de manera persistente drogas o alcohol, y no das los pasos bíblicos para vencerlos, entonces existe una razón para dudar si tu salvación es genuina. A pesar de tu incapacidad inherente para vencer la esclavitud a la droga que domina la vida, se te han dado (como creyente sincero en Jesucristo), la gracia, la misericordia y el poder del Espíritu Santo para vencer cualquier pecado. Además, al ir venciendo el poder de la droga por la capacitación de Dios, se desarrolla en tu vida el carácter de Jesucristo.

1- La perspectiva de Dios

Eres responsable ante Dios por todas tus obras (pensamientos, palabras y acciones), incluyendo las que dominan tu vida o las que se dice que son de "predisposición genética" o "de drogadicción". Llegas a ser esclavo de cualquier cosa que te controle. **Eclesiastés 12:13-14**.

2- Tú esperanza

No importa lo grave de tu consumo o los muchos años que lo has practicado, se puede vencer completamente y en un periodo de tiempo sumamente corto si sigues el plan de Dios para todo en la vida. **Romanos 6:17-18.**

RECONOCIENDO QUE LA DROGADICCIÓN DOMINA TU VIDA

Solo después de experimentar el nuevo nacimiento y de obedecer continuamente la Palabra de Dios, serás capaz de vencer la droga que domina tu vida, de una manera que agrada y glorifica al Señor.

1. Características de una persona que está dominada por las drogas

- Practicas este pecado, aunque ya has tratado muchas veces de no hacerlo **(haciendo caso omiso de Ezequiel 18:4).**
- Practicas este pecado y culpas a los demás o a las circunstancias por no dejar de hacerlo.
- Niegas que lo que estás haciendo es pecado.
- Te conoces a ti mismo que no estas esclavizado al consumo y que "puedes detenerte en cualquier momento"; aun así, continúas consumiendo.
- Repites y consumes, aunque el "placer o la satisfacción" para ti es de poca duración, mientras que el daño, tanto para ti como para los demás, es considerable y a largo plazo.
- Tratas de esconder el problema de la siguiente manera:

- Teniendo diferentes grupos de amistades o conocidos (es decir, llevas una "doble vida"), teniendo cuidado que ninguno se dé cuenta de la existencia del otro.
- Mintiendo con regularidad para encubrir su adicción.
- Aparentando ante los demás que estás viviendo a la manera de Dios.
- Actuando indignado o sorprendido cuando alguien encuentra pruebas que hacen que otros sospechen del consumo.
- Siendo problemático y tratando de causar divisiones entre la familia, animando a que se unan a su causa, en contra de los demás.

- Insultas o calumnias a las personas que están tratando de restaurarle y a los demás.

- Permaneces en el consumo, aunque sabes que te perjudica en todas las áreas de tu vida y que es una piedra de tropiezo para los demás.
- Permaneces en este pecado a pesar de saber que la Palabra de dios es suficiente para librarte de esa esclavitud.
- Cometes este pecado reiteradamente, aun sabiendo que no le agrada al Señor ni le da la gloria a Dios.
- Permaneces en este pecado aun cuando te das cuenta de que tus obras (pensamientos, palabras y acciones) no se conforman al carácter de Jesucristo.

2. El punto de vista del hombre sobre la drogadicción

- La filosofía de este mundo a menudo enseña que el "comportamiento indeseable" (lo que en la Biblia es pecado) es causado por una "enfermedad" o por una "predisposición" con la cual debes aprender vivir ("hacer frente"). el ayudarte a "hacer frente" a menudo involucra psicoterapias, psicoanálisis o hasta animarte a aceptar un "estilo de vida alternativo". De este modo, vemos que la sabiduría natural del hombre intenta tratar con los problemas de la vida "redefiniendo" el consumo (pecado) y/o fomentando su legalización. Como consecuencia, La Palabra de Dios es rechazada como la autoridad para todo en la vida, conduciendo esto a muchas angustias, miseria y engaño.
- El mundo reconoce que las drogas son dañinas para las personas, y se anima a las personas para que las confronten. Sin embargo, los métodos para vencer la drogadicción están basados en la sabiduría humana, haciendo caso omiso del poder de Dios y de los lineamientos de Su Palabra. Tales "soluciones" exaltan al hombre y no le enseñan al drogadicto a agradar al Señor en todas las cosas.

3. Algunas explicaciones equivocadas que el hombre da al problema de la drogadicción

- Ciertos individuos tienen una predisposición genética a ciertas "preferencias" y no pueden controlar el consumo; por lo tanto, son responsables por sus acciones "ya que es una enfermedad, según la OMS".
- Debido al "tipo de personalidad" de un individuo, este tiene la tendencia de actuar de cierta manera; es simplemente parte inherente de su propia forma de ser (a menudo utilizado para explicar la ira, la depresión, el temor y los cambios de "estados de ánimo").
- La drogadicción es simplemente la expresión de una "autoestima" sumamente baja de la persona (a menudo se utiliza para explicar la anorexia, la bulimia, la depresión, la violencia, etc.).
- Un drogadicto puede estar esclavizado debido al trato que tuvo en su infancia. La persona tratara a los demás de la misma manera en que fue tratado por sus padres o por los adultos que eran responsables de él.

- La drogadicción puede ser la manera en que la persona esconde o se desquita por vejámenes que se le hicieron en el pasado.

4. Algunos de los intentos del hombre para tratar con el problema de la drogadicción

- La persona drogadicta se le ingresa por lo regular a un Centro de Atención a Drogadictos que se especializa en el tratamiento de su "enfermedad". (a menudo el programa incluye mucha psicoterapia, un antagonismo abierto con la Palabra de Dios, comunicación no bíblica y numerosos métodos que no están en la Biblia que destacan la sabiduría del hombre sobre la sabiduría de Dios).

Nota: Algunos de los centros asistenciales seculares, si ayudan a las personas a dejar de consumir drogas. Sin embargo, el ejercicio del dominio propio en un área de la vida, no significa que la persona esté tratando con el problema de su corazón ante Dios. Esto no le ayuda a vivir de una manera que agrada al Señor en todas las cosas.

- Algunos programas usan principios "espirituales" de la Palabra de Dios (Doce pasos de Narcóticos Anónimos) para ayudar a las personas que están siendo controladas por las adicciones, pero tratan de no "ofender" a nadie al no reconocer que la Biblia es su fuente.

Nota: varios programas de tratamiento o de recuperación siguen los principios de la Palabra de Dios (a menudo sin darse cuenta) para intentar ayudar a las personas a dejar los hábitos de drogarse. Estos programas usan términos bíblicos, tales como: "no tener poder", "perdón de los demás", "confesión de ofensas", "restitución o restauración" y "comunión con los demás". Sin embargo, estos "programas espirituales" no reconocen que la Biblia es la autoridad para todos los problemas de la vida. Además, permiten a las personas que escojan su propio dios ("su poder interior").

Como consecuencia, estos programas de recuperación minimizan o se oponen a la necesidad fundamental y eterna de tener una relación personal con Dios a través de Jesucristo. De este modo, no le pueden enseñar a la persona a que sea obediente a la Palabra de Dios en todas las áreas de su vida. Cuando alguien intenta tratar un problema, con el fin de servirse a sí mismo en lugar de servirle a Dios, El no hace disponible sus recursos Divinos ni Su paz y gozo, entonces tienen que:

- Recetar drogas para alterar los estados de ánimo para que la persona se "sienta mejor" en cuanto a su problema y darle, al mismo tiempo, "consejería profesional" para ayudarle a "entender su problema" y para que aprenda a vivir con "menos stress" y con más "bienestar.

- Hacer que el adicto se una a un "grupo de apoyo" secular, formado por personas que han experimentado el mismo problema, debido a que ellos pueden comprender, mejor que nadie, lo que la persona está experimentando.
- Enseñar al adicto a agradarse a sí mismo y a ser su mejor amigo (es decir, desarrollar una "buena autoimagen"). Haciendo esto, le ayudaras a enfrentar y a tratar con su problema para su propio bien.
- Ayudar al adicto a encontrar otras salidas emocionales "escapes" para su problema. Este tipo de "terapia" a menudo se lleva a cabo a través de la "consejería profesional" y/o con las técnicas de "recompensa" y "castigo".

5. Algunas de las consecuencias de permanecer esclavo de las drogas

- Llevaras con las consecuencias espirituales y físicas. **Salmo 32:3-5.**
- poco a poco llegaras a ser más miserable, y la vida será más difícil
- Permanecerás en el engaño espiritual ya que eres solo oidor y no hacedor de la Palabra, y no puedes discernir claramente entre el bien y el mal. **Hebreos 5:14.**

AREAS DE LA VIDA QUE AFECTAN NEGATIVAMENTE EL CONSUMO DE DROGAS

Para determinar los efectos del consumo de drogas, tienes que examinar la manera en que se manifiesta en todas las áreas de tu vida. Si continuas en el consumo de drogas, eventualmente afectara todas las relaciones y las responsabilidades que tengas.

1. Espiritual
2. Psicológica
3. Biológica
4. Intelectual
5. Sentimental
6. Laboral
7. Social
8. Judicial
9. Familiar

JESÚS HA ROTO EL PODER DE LAS DROGAS EN TU VIDA

El adversario principal de Dios y del hombre cuando reconoce el señorío de Jesucristo es Satanás y como príncipe de este mundo, tiene mucho poder maligno. Parte de su plan diabólico es engañar a toda la humanidad, acusar a los creyentes delante del Señor e incapacitar a los jóvenes incitándoles al consumo de drogas. Jesucristo ha vencido el poder de las drogas, por medio de la redención llevada a cabo con Su muerte y resurrección victoriosa en la Cruz del calvario. Esta victoria es segura y es fácilmente disponible para los que reconocen a Cristo como su Señor y Salvador.

1. Características y poder de Satanás

- Satanás también llamado en la Biblia como: diablo, adversario, enemigo, destructor, dragón, acusador, serpiente antigua y tentador es el jefe de los seres o ángeles caídos y el enemigo número uno del hombre y de Dios. **Zacarías 3.1.**
- El poder de Satanás es enorme, ya que el:

- Gobierna varios ángeles caídos y de seres demoniacos. **Mateo 12:26-29.**
- Es el príncipe de la potestad del aire y el mundo entero (es decir, el sistema u orden mundial) está bajo su poder. **1 de juan 5.19b.**
- Es el dios y príncipe de este mundo. Engaña a todo el mundo, menos a los creyentes que permanecen en Cristo Apocalipsis. **12:9, 20:3.**
- Tiene cautivos a los drogadictos y también bajo su poder. **Efesios 2:2-3.**
- Siempre se ha opuesto y continúa oponiéndose a la obra de Dios. Arrebatando la Palabra de Dios de los corazones de los no creyentes para que no crean en el Señor Jesucristo y puedan ser salvos. **Lucas 8:11-12.**
- Usando falsos mensajeros (falsos profetas, falsos apóstoles, falsos maestros, falsos mesías) que pueden hacer grandes señales y maravillas. **Mateo 7:15-23**.
- Distorsionando la Palabra de Dios Génesis. **3:1-15.**
- tentando a los que han querido salir de las drogas a que no pueden vivir sin consumir. **Hechos 5:3**
- Acusando a los creyentes delante de Dios. **Apocalipsis 12:10.**
- Trayendo sufrimiento y división a las familias. **Job 1:7-15.**

2. Las limitaciones y el juicio de Satanás

- El poder y las habilidades de Satanás no son iguales a los de Dios, ya que Satanás es un ser creado. Todo lo que ha sido creado, no importa que tan poderoso sea, está bajo la sujeción del poder de Jesucristo. **Mateo 28:18.**
- Satanás puede hacer y puede tener únicamente lo que Dios le permita. **Job 1:7-12.**
- Jesús vino al mundo para destruir públicamente (es decir, hacer inoperante, desatar o deshacer) las obras del diablo. **Lucas 10:17-19**.
- Jesús, con Su sacrificio en la cruz, le arrebato a Satanás el poder que tenía sobre la muerte y libero a los que estaban bajo su esclavitud (drogadicción), anulando la deuda del pecado que ellos tenían, dándoles vida eterna y poniéndolos bajo su cuidadosa protección. **Juan 10:27-29.**
- Aunque satanás puede tentar a un creyente para que peque (vuelva al consumo de drogas), este lleva el insuperable poder del Cristo resucitado y, por tanto, es capaz de derrotar a Satanás en cada tentación no cediendo ante tal presión. **Romanos 6:6-14.**

TALLER DE REPASO

Las tareas de esta semana serán de ánimo cuando recuerdes que Dios ha provisto los recursos y el poder suficiente, a través del Señor Jesucristo, para que venzas la tentación de continuar consumiendo drogas.

Con tus propias palabras, escribe el significado de **Romanos 6:22 y Efesios 6:10-11.** Y comienza a memorizarlo.

¿Cómo crees que debes superar definitivamente el consumo de drogas o la adicción en tu vida?

LECCIÓN 18

TRANSFORMACIÓN DEL PENSAMIENTO ADICTO

Texto Bíblico:
Efesios 5:18

"No os embriaguéis con vino, en el cual hay disolución; antes bien sed llenos del espíritu."

Romanos 12:2.

"No os conforméis a este siglo, sino transformaos por medio de la renovación de vuestro entendimiento, para que comprobéis cuál sea la buena voluntad de Dios, agradable y perfecta."

Propósito de esta lección

Repasar los recursos que Dios te ha provisto para que puedas vencer las artimañas de la drogadicción en todas las áreas de tu vida; presentar las diversas partes de la capacidad de tu mente a la hora de programarla bíblicamente para vivir en libertad y mostrar cómo se aplican en tu vida. Proveer un plan bíblico para vencer la drogadicción en tu vida; presentar los lineamientos bíblicos para responder a una persona que consume drogas.

Introducción

Si has experimentado el nuevo nacimiento espiritual, llegando hacer de esta manera un verdadero creyente en el Señor Jesucristo, ya no estas bajo la esclavitud de las drogas, Jesús te ha dado vida eterna y te ha colocado bajo Su cuidado. Ya que la victoria sobre la drogadicción ha sido ganada por la muerte, sepultura y resurrección de Jesucristo, debes usar todos los recursos que Dios te ha dado para ser más que vencedor en Cristo.

Desarrollo

Dios ha derrotado la adicción a las drogas a través de la muerte y resurrección del Señor Jesucristo. Dios, por medio de esta victoria total, te ha capacitado para vencer cualquier tentación y te ha provisto de los recursos necesarios para que respondas bíblicamente a cualquier problema que las drogas propongan. Puedes ser un vencedor en cualquier situación si dependes del poder de Dios y eres obediente a Su Palabra.

1- Tu cambio

Debes dejar de ceder o volverte a colocar bajo el control de las adicciones. En cambio, determina colocarte bajo el control del Espíritu Santo, y has un compromiso de todo corazón para obedecer la Palabra de Dios. **Efesios 5:18.**

2- Tu practica

Ya que la Palabra de Dios enseña que los que practican continuamente el pecado (consumo de drogas) no heredaran el reino de Dios, lleva a cabo un examen cuidadoso de ti mismo para determinar si estas en la fe, es decir, si realmente eres un creyente nacido de nuevo en Jesucristo. Romanos 10:8-11.

Haz una evaluación cuidadosa que incluya cuando, donde, como y con quien consumías cuando ingresaste al proceso de restauración. Elabora un plan bíblico para ser más que un vencedor, cuando salgas afrontar el entorno social... ¡Vístete! De una renovación del pensamiento. Rom. 12-2.

LOS ESTADOS DE LA MENTE DEL ADICTO

Hace algunos años atrás salió una publicación de un grupo de científicos declarando que no hay computadora en el mundo que pueda hacer lo que la mente del hombre puede hacer por si misma, crear un pensamiento. Es por ello que estos hombres declararon que si hubiese la posibilidad de poder comprar la mente de un ser humano está costaría mínimo 100 millones de dólares.

Por lo general muchas personas no tienen conciencia del importante papel que juega la mente en nuestras emociones y decisiones. Dios coloco en el hombre este poderoso órgano para su desarrollo y crecimiento espiritual, intelectual, económico.

Fue y ha sido a través de este poderoso órgano que Adán le coloco el nombre a todos los animales de acuerdo a la Biblia. Fue a través de este orégano que se han construido las grandes ciudades y empresas del mundo. Ha sido a través de la mente que se han hechos los grandes descubrimientos científicos, sociales y económicos que han cambiado la vida de la humanidad.

Pero también lamentablemente ha sido a través de este órgano que se han tomado las peores decisiones que han traído mucho dolor en el mundo (consumo de drogas, suicidio, asesinatos, adulterios, robo, secuestros, corrupción, separamientos, etc.). La palabra mente es un término psicológico, en tanto que la palabra cerebro es un término fisiológico. La mente es el órgano del hombre que está equipado para: Pensar, Imaginar, Conocer, Recordar y Entender. De acuerdo a la Biblia hay por lo menos siete estados de la mente, los cuales, vamos a identificar y conceptualizar. Es importante, hacer una observación, de que cada uno de estos estados mentales, se le da el nombre de acuerdo a su perfil, contenido y características.

Entendamos que Dios, hace un examen a la mente del hombre, este examen dará como resultado, una designación o nombre, conforme a sus características particulares. Los diferentes estados de la mente son estos:

1. La mente carnal

"Porque los que son de la carne piensan en las cosas de la carne; pero los que son del Espíritu, en las cosas del Espíritu. Porque el ocuparse de la carne es muerte, pero el ocuparse del Espíritu es vida y paz" **Romanos 8: 5 – 6.**

La palabra carne en griego es sarx ; y el adjetivo utilizado para estos versículos es sarkikos. Es importante la definición de esta palabra para el mayor entendimiento de lo que vamos a tratar. La palabra sarkikos significa; posesión de la naturaleza de la carne, controlado por los apetitos animales, gobernado por la naturaleza humana, y no por el Espíritu de Dios.
Una mente carnal es aquella que piensa, se ocupa y medita, en los deseos de la naturaleza corrompida y caída del hombre siendo este gobernado por sus apetitos y no por el Espíritu de Dios y espíritu del hombre. Una persona que tiene esta mentalidad siempre tendrá en prioridad de pensamientos y demandas a sus deseos, antes que la voluntad de Dios.

2. La mente corrompida

"Todas las cosas son puras para los puros, más para los corrompidos e incrédulos nada les es puro; pues hasta su mente y su conciencia están corrompidas".
Tito 1:15
La palabra corrompido es: descompuesto, infectado, corrupto, contaminado Pútrido, apestado. La mente corrompida es aquella, que ha llegado al más alto nivel de carnalidad mental. Es cuando en la mente hay un porcentaje superior de pensamientos carnales que del Espíritu.

3- La mente entenebrecida
"Esto, pues, digo y requiero en el Señor: que ya no andéis como los otros gentiles, que andan en la vanidad de su mente, teniendo el entendimiento entenebrecido, ajenos de la vida de la vida de Dios por la ignorancia que ellos hay, por la dureza de su corazón, los cuales, después que perdieron toda sensibilidad, se entregaron a la lascivia para cometer con avidez toda clase de impureza" **Efesios: 18 – 19.**
La palabra entenebrecido en el griego es "skotizo "que significa; privar de luz, oscurecer. La mente entenebrecida es aquella que está totalmente escasa del conocimiento de Dios producto de la falta de iluminación de la Palabra. Una de las características de estas personas que poseen esta mentalidad es que perdieron la vergüenza, se entregaron a la inmoralidad, y no se satisfacen de cometer toda clase de inmundicia. Dice la palabra que

estas persona perdieron la sensibilidad, esto quiere decir, que dejaron de sentir dolor por el pecado y por eso están endurecidos.
Este tipo de mentalidad no tiene freno a la hora de satisfacer todas sus demandas, les daré un ejemplo, cuando un hombre después de tener relación con su mujer, que ha hecho, todo lo posible para agradarlo sexualmente y este se siente insatisfecho por lo que recurre a tener relación con varias mujeres, para poder estar bien, déjeme decirle que el problema no es su mujer, sino el . Este es tipo de persona que no siente dolor por lo cometido en contra de Dios o de su prójimo.

4- La mente vana

"Esto, pues, digo y requiero en el Señor: que ya no andéis como los otros gentiles, que andan en la vanidad de su mente" **Efesios 4: 17.**

El termino vano utilizado es en el griego "mataiotes "que tiene el significado de: falta de propósito, la característica de ser inútil o de estar vació. Sin la iluminación del Espíritu de Dios, la senda del hombre le conduce solo aquello que frustra, porque esencialmente el queda entregado a cosas carente de valor o de realidad. este estado te lleva a la necedad, a la obstinación, trayendo como resultado el caos total.

5- La mente cauterizada

"Por la hipocresía de mentirosos que, teniendo cauterizada la conciencia"
1 Timoteo 4: 2

El termino en griego es "kausterizado "que indica una conciencia endurecida, que está marcada como un hierro ardiente y que quedan destinado para tal acción en lo cual no hay marcha atrás. Según el apóstol pablo en lo dicho en efesios 4: 19 quienes están en este estado moral ya perdieron toda sensibilidad hasta el punto que para este tipo de mente se aleja la posibilidad de que el Espíritu Santo pueda redargüirlos y conducirlos a la verdad. Ya que ellos están conscientes del estado en que se encuentran. Lo más fuerte es que este tipo de personas que llegan a este extremo fueron conocedores de la verdad.

6- La mente reprobada

"Y como ellos no aprobaron tener en cuenta a Dios, Dios los entrego a una reprobada, para hacer cosas que no convienen" **Romanos 1:28.**

La palabra reprobada es en el griego "adokimos", que significa: no soportando la prueba, por tanto rechazado, se aplica primeramente a metales (Isaías 1:22). Pero en el nuevo testamento se aplica a personas. La mente reprobada es aquella que fue puesta a prueba por parte de Dios y que no pasó o no soporto la prueba, por lo tanto fue rechazada. Una de las características de una mente reprobada es que están atestados de toda maldad, las principales fortalezas de una mente reprobada son; la avaricia, la perversidad y la depravación.

Esta mente en particular presenta 16 formas de proceder las cuales son las mismas actitudes de un consumidor crónico de drogas:

1. Llenos de envidia
2. Homicidios
3. Contiendas
4. Aborrecedores de Dios
5. Engañadores y maliciosos
6. Detractores
7. Injuriosos
8. Soberbios
9. Altivos
10. Inventadores de males
11. Desobedientes a los padres
12. Necios
13. Desleales
14. Sin afecto natural
15. Implacables
16. Sin misericordia

La mente reprobada es aquella que después de haber sido probada por Dios fue descalificada por causa de haber llegado al estado de mente cauterizado, cuando Dios desaprueba la condición mental de un individuo es porque en tal condición no hay nada que hacer y nada favorable para Dios buscar, consecuencia de rechazar la gracia de Dios.

7- La mente espiritual

"Por qué los que son de la carne piensan en las cosa de la carne; pero los que son del Espíritu, en las cosas del Espíritu" **Romanos 8: 5.**

La mente espiritual es aquella que piensa, medita y utiliza todas sus capacidades mentales para las cosas del Espíritu de Dios y la Biblia. Las cosas del Espíritu de Dios tienen que ver con la Biblia. Cuando estudiamos y meditamos en la Biblia a diario estamos pensando en las cosas del Espíritu de Dios. Las características de una mente espiritual son:

1. Vida y paz de Dios

2. Entendimiento en el propósito de Dios y en su palabra

3. Está continuamente meditando en la palabra de Dios.

4. Posee sabiduría e inteligencia espiritual.

5. La mente está bajo en control y dominio del espíritu del hombre y este a su vez del Espíritu de Dios.

6. Todas sus capacidades mentales trabajan en libertad y sin dificultad.

7. De la misma manera, el que posee esta mente espiritual presenta un modo de proceder particular como: bondadoso, amor, gozo, paz, paciencia, benignidad, fe, mansedumbre, templanza.

8. Alejado para siempre de la esclavitud de las adicciones en general.

¡No Conformarse!

Pablo dice "Hermanos no os conforméis a este siglo". No conformarse al estilo de vida de este mundo. No conformarse al sistema de pensamiento que proyecta hoy el mundo de las adicciones, alejado de los preceptos de DIOS, independientemente de Su voz, lleno de orgullo, odio, egoísmo, suicidio, robo, astucia del ser humano, sin depender de los principios y valores de DIOS. Pablo declara que necesitan una transformación, pero dicha transformación vendrá cuando tú te dediques día a día a disciplinar tu mente, la cual debe ser renovada y para eso debes tener una actitud de no conformarte.

La palabra conformarse es una acción que viene de conformar (ajustar, concordar una cosa con otra, ser de la misma opinión; aceptar sin protestar algo que pueda considerarse malo e insuficiente). Cuando las personas tienen años con problemas de consumo de drogas, el problema no son las drogas sino esa persona por conformarse a vivir así. No te conformes, no te adaptes, no asimiles la forma de pensamiento del mundo decadente de la drogadicción.

¡Renuévate Continuamente!

Tener una determinación a cambiar todos nuestros patrones de pensamiento (paradigmas). Tener una actitud de aprendizaje diario. Renovar es cambiar una cosa vieja por otra nueva. Debemos cambiar pensamientos viejos por pensamientos nuevos.

La responsabilidad del cambio de mentalidad es de la persona. La renovación es una disciplina que implica tener una actitud de aprendizaje diario.

La transformación que tus esperas ver en tu vida, va a empezar en el momento que decidas llevarla a cabo por medio de aprender día a día lo que DIOS quiere decir para tu vida y para tu ser. El Apóstol le dice a la comunidad de fe en Roma que deben sufrir una transformación por medio de la renovación del entendimiento (pensamiento).

El termino transformación usado por el Apóstol Pablo en griego tiene que ver con la alteración del ser. Pablo dice que la forma de ser de una persona se va alterando o cambiando por medio de la renovación de su entendimiento.

Así que el instrumento para renovar nuestro entendimiento es la verdad de Dios plasmada en su Palabra. A medida que tu cambies tus viejos patrones de pensamientos por los principios y valores establecidos por Dios en su Palabra tu tendrás una mente sana, coherente, equilibrada y enfocada. Capaz de discernir la voluntad de Dios.

Por último el Apóstol Pablo nos indica que debemos renovar nuestra mente para así conocer cuál es la voluntad de DIOS que es perfecta, agradable y perfecta. Lo cual indica que será dificultoso para un individuo conocer la voluntad de Dios si este no renueva su mente.

El renovar nuestra mente a diario nos proveerá los siguientes beneficios:

1.- Sufriremos una verdadera transformación en nuestras vidas. Habrá una serie de cambios extraordinarios en nuestros comportamientos. Nuestra manera de actuar, reaccionar y hablar será de acuerdo a un hombre sabio y justo que marcará la diferencia en nuestro mundo. Esta transformación influirá e inspirará a todos aquellos que estén a nuestro alrededor.

2.- Por medio de la renovación de nuestro entendimiento también tendremos la capacidad de conocer la voluntad de Dios para nuestras vidas en todo momento. Entendiendo que la voluntad de Dios tiene tres características extraordinarias: Es buena, es perfecta y es agradable.

3.- Y por último a medida que nos renovemos vamos a vivir menos, menos engañados, menos explotados, menos conformes. Viviremos más Bendecidos, Prosperados, Libres, Felices y Plenos.

Renovación del entendimiento

Una vez que las palabras del positivismo humanístico se convierten en reforzadores condicionados, su valor de motivación por incentivo puede hacerse mucho más elevado que el de las demás motivaciones en competencia.
Suficientes repeticiones de comportamientos de administración o episodios efectivos con quien solía consumir pueden llevar a evocar el fenómeno de sensibilización

comportamental actuando las señales contextuales por sí mismas como respuesta condicionada. Literalmente lo que se diga repetitivamente y con carácter la gente termina creyéndolo, sin importar la información que se está recibiendo, sea para bien o para mal. Los sistemas dopaminérgicos generan un estado de tensión anticipatoria al evento que impulsa diversos tipos de reacción o conducta.

Después que se conoce la verdad y se sale del consumo, legalismo y la religiosidad, viene un tipo de recaída y esto ocurre por el estrés que produce el tener que andar en obediencia. Ya que acostumbrados a escuchar frecuentemente la voz del positivismo que les enseñaba que todo es posible por obras, pactos y compra de milagros y no por la esencia de la Palabra de Dios al obedecerla y la gratitud, ya que esto es lo que produce fe.

Hay muchas moléculas químicas que nosotros producimos y que, si no somos capaces de liberar, manifestamos depresión, ansiedad o cansancio crónico.

Nuestra manera de pensar tiene mucho que ver con nuestra manera de vivir, nos lo enseña el Apóstol Pablo en el libro de **Romanos 12:2.** La manera en que nosotros desarrollemos una identidad de reino tiene que ver en un 100% con los recuerdos y vivencias que manejan nuestras vidas. Asimismo, la mayoría de las personas que luchan por salir de la esclavitud a la adicción no tienen comprensión ni seguridad de quienes son en Cristo, ni que significa ser hijo de Dios, de esta manera la nueva religión cristiana en estos últimos tiempos enseña que somos seguidores de Cristo, pero no hijos de Dios. Este es un común denominador de todos los adictos que he tenido el privilegio de tratar durante años, en particular a quienes consumen sustancias psicoactivas.

Su percepción de sí mismos es literalmente negativa antes de buscar ayuda. El acusador de los hijos de Dios está de carnaval. Quienes están en un proceso de tratamiento o restauración se identifican como esquizofrénicos, bipolares, drogadictos, alcohólicos o coadictos. Por tanto, sucumben al humanismo y su ciencia, la cual enseña que no hay definitivamente ninguna cura para su problema, solo paliativos que quieren menguar el sufrimiento que infringe estos malos hábitos, y que nadie podrá ayudarles, a menos que confiesen tener un problema. ¡Claro! Que los adictos deben reconocer inicialmente su problema, pero los cristianos con tal problema no se deben identificar como drogadictos, o alcohólicos, o esquizofrénicos ni mucho menos bipolares, tampoco deben repetir constantemente declaraciones que los depriman acerca de quiénes son.

Estas personas son hijos de Dios que están en una lucha continua para vencer su atadura. Veamos a continuación que nos enseña la Palabra de Dios en **Efesios 6:10**

Por lo demás, hermanos míos, fortaleceos en el Señor, y en el poder de su fuerza. Vestíos de toda la armadura de Dios, para que podáis estar firmes contra las asechanzas del diablo. Porque no tenemos lucha contra sangre y carne, sino contra principados, contra potestades, contra los gobernadores de las tinieblas de este siglo, contra huestes espirituales de maldad en las regiones celestes.

Por tanto, tomad toda la armadura de Dios, para que podáis resistir en el día malo, y habiendo acabado todo, estar firmes. Estad, pues, firmes, ceñidos vuestros lomos con la

verdad, y vestidos con la coraza de justicia, y calzados los pies con el apresto del evangelio de la paz. Sobre todo, tomad el escudo de la fe, con que podáis apagar todos los dardos de fuego del maligno. Y tomad el yelmo de la salvación, y la espada del Espíritu, que es la palabra de Dios.
Veamos algunas enseñanzas para la renovación de la mente:

La renovación de la mente por el espíritu santo
Juan 16.3.

Pero cuando venga el Espíritu de la verdad, Él os guiará a toda la verdad, porque no hablará por su propia cuenta, sino que dirá sólo lo que oiga y les anunciará las cosas por venir.
Romanos 12.2
No se amolden al mundo actual, sino sean transformados mediante la renovación de su mente. Así podrán comprobar cuál es la voluntad de Dios, buena, agradable y perfecta.
Necesitamos grandemente la ayuda del Espíritu Santo en la renovación de nuestra mente. Todo lo que Dios hace entre nosotros, lo hace por medio del Espíritu Santo, para que revele todo lo que tiene que ser cambiado en tu mente y te van a dotar de una mente renovada.
No piense ni por un momento que la lectura de la Biblia por si sola será lo suficiente para transformar nuestra mente. Es la poderosa verdad revelada por el Espíritu Santo, la que cambiará nuestra mente continuamente; y nos dará una nueva manera de poder pensar con la mente de Jesucristo.
1 Corintios 2.16
"¿Quién ha conocido la mente del Señor para que pueda instruirlo?" Nosotros por nuestra parte, tenemos la mente de Cristo.

La renovación de la mente por la palabra de Dios.
Hebreos 4.12.

Ciertamente, la palabra de Dios es viva y poderosa y más cortante que cualquier espada de dos filos. Penetra hasta lo más profundo del alma y del espíritu, hasta la medula de los huesos, y juzga los pensamientos y las intenciones del corazón.
No hay dudas que la Palabra de Dios es el instrumento que usa la persona del Espíritu Santo para renovar la mente del creyente. A causa de los muchos años que la mente estuvo al servicio de la carnalidad pecadora. Solo quien controle su mente controlará su vida.
Tenemos que entender muy bien, que somos nosotros los que decidimos si queremos que nuestra mente sea renovada por la Palabra de Dios; estudiándola y no solo leyéndola. Santiago nos dice en su carta lo siguiente: "Por esto, despójense de toda inmundicia y de la maldad que tanto abunda, para que puedan recibir con toda humildad la palabra sembrada en ustedes, la cual tiene poder para salvarles la vida" (Santiago 1.21).

La Palabra de Dios obra como una espada del Espíritu Santo; por tanto, tiene el poder para cortar y arrancar de nuestra mente todas las ideas y pensamientos que dominaban nuestra vieja naturaleza.
Dios conoce el poder de la mente por esta razón, aconsejo a Josué de esta manera: "Recita siempre el libro de la ley y medita en él de día y de noche; cumple con cuidado todo lo que está escrito. Así prosperarás y tendrás éxito" (Josué 1.8)

La renovación de la mente por la confesión de tu boca
Proverbios 18.21.

En la lengua hay poder de vida y muerte; quienes la aman comerán de sus frutos.
Para que la Palabra de Dios cause efectos positivos en la renovación de la mente, es necesario que la confesemos con nuestra boca. Aquello que hablamos puede ser de bendición o de maldición en nuestra vida, paz mental, salud, estado de nuestra familia y el progreso espiritual.
Es muy natural de que todo lo que usted piensa, necesita el canal de la boca para convertirse en realidad; aquellas cosas que usted imagina y verbaliza se convierten en realidad a causa de su confesión.

Si Santiago nos dice que la lengua contamina el cuerpo, también puede sanarlo y renovarlo. Sí la lengua tiene el poder de poner en acción toda la creación, entonces lo que decimos afecta nuestra mente, porque es la mente y los pensamientos, los que inician el proceso de creación. La Programación Neurolingüística en estos últimos tiempos está siendo abordad por muchos predicadores de la Palabra de Dios, veamos qué es y evalué usted mismo querido lector si vale la pena mezclar esta práctica malsana a la teología:
La programación neurolingüística (PNL) es una estrategia de comunicación, desarrollo personal y psicoterapia, creada por Richard Bandler y John Grinder en California (Estados Unidos), en la década de 1970. Sus creadores sostienen que existe una conexión entre los procesos neurológicos («neuro»), el lenguaje («lingüística»), y los patrones de comportamiento aprendidos a través de la experiencia («programación»), afirmando que estos se pueden cambiar para lograr objetivos específicos en la vida.
Bandler y Grinder afirman que la metodología de la PNL puede «modelar» las habilidades de personas excepcionales y luego esas habilidades pueden ser adquiridas por cualquier persona. Bandler y Grinder también sostienen que la PNL puede tratar problemas como fobias, depresión, trastorno de movimientos estereotípicos, enfermedades psicosomáticas, miopía, alergia, resfriado común, y trastornos del aprendizaje, a menudo en una única sesión. La PNL ha sido adoptada por algunos hipnoterapeutas y en seminarios dirigidos a empresas y gobiernos.
Personalmente he conocido muchísimos y en especial mega pastores y mini pastores que usan esta técnica humanística que para nada alimenta el espíritu del creyente. Emociones o fe, examina tu corazón amado hermano en Cristo.

El análisis de la evidencia científica revela que la PNL es esencialmente una pseudociencia desacreditada. Revisiones científicas demuestran que contiene numerosos errores y no produce los resultados afirmados por sus defensores. Pues programar el cerebro con palabras positivas humanísticas y filosóficas desvirtúa lo que enseña la Palabra de Dios en **Filipenses 4:13.**

Nuestra lengua tiene el poder de crear una conducta de maldad o también puede crear una para el bien. La razón para esto es que podemos usar nuestra lengua en forma positiva o negativa; nuestras palabras siempre deben ser sazonadas con gracia.

TALER DE REPASO

Con tus propias palabras, escribe el significado de ***Romanos 12:2.***
Y comienza a memorizarlo.

Defina cada una de las partes de la renovación de la mente.

1-

2-

3-

LECCIÓN 19
NORMAS PARA LA VIDA - EVITANDO LA RECAIDA

Texto Bíblico:
Gálatas 5:22-25

"Más el fruto del Espíritu es amor, gozo, paz, paciencia, benignidad, bondad, fe, mansedumbre, templanza; contra tales cosas no hay ley. Pero los que son de Cristo han crucificado la carne con sus pasiones y deseos. Si vivimos por el Espíritu, andemos también por el Espíritu."

Propósito de esta lección

Ayudarte a obtener la perspectiva divina en cada aspecto de tu vida, no solo en aquellas áreas en las cuales estas experimentando problemas; ayudarte a establecer un conjunto de normas bíblicas personales que fomenten la madurez espiritual e ilustrar un patrón fiel de vida bíblica, a través de la continuación del caso para estudio y animarte a concluir el EXAMEN DE CURSO y prepararte para dar tu testimonio de los frutos del programa de restauración en tu vida.

Introducción

Dios comenzó en ti la buena obra, con el fin de llevarte a la madures o perfeccionarte durante tu vida Tu responsabilidad es andar en el camino de Dios y cooperar con Su obra en tu vida, de esta manera estarás fortalecido frente al tema de las adicciones.

Desarrollo

Ya que terminas un largo proceso de restauración, es tiempo de poner en práctica lo aprendido. ¡Recuerda! Solo con el poder del Espíritu Santo puedes vencer de una manera continua en todos los sucesos de la cotidianidad.

1- La perspectiva de Dios

Las normas de Dios siempre son consecuentes y nunca están sujetas al capricho del momento. Sus mandamientos son inalterables; no varían en la época que te ha tocado vivir ya que Dios es inmutable.

Las normas de Dios son las mismas para todos los individuos en todas las culturas; se aplican a todos sin importar la edad, personalidad o trasfondo sociocultural. Por consiguiente, no existen diferentes normas para adultos, niños, ricos, pobres, nacionalidades, ocupación, sexo o cualquier otra diferencia.

La clave para producir fruto en tu vida es el temor de reverencia por Dios, y consecuentemente, guardar sus mandamientos en todos los aspectos de tu vida. Ser un hacedor de la Palabra… ¡Eso es lograr el éxito en la vida! **Hebreos 1:10.**

2- Tu esperanza

Los planes de Dios son para tu beneficio y tiene como meta tu madurez en Cristo. Si guardas los mandamientos de Dios, él te bendecirá; si no los guardas, él te juzgará con el fin de disciplinarte. Las normas de Dios en cierto modo no son difíciles de cumplir, pero entender que nos llevan directo a una vida de bendición continua, pero sabemos que Él te fortalece, te apoya y evita que tropieces al andar en el camino del Señor, cooperando así, con el cambio que Él está llevando a cabo en tu vida. **Josué 1:8-9.**

3- Tu cambio

Desecha las obras de las tinieblas, vístete del señor Jesucristo, y no proveas para los deseos de la carne, vístete de toda la armadura de Dios para estar firmes contra las asechanzas del diablo.

No te sorprendas ante las pruebas, aun así, parecen severas; más bien, regocíjate en ellas, ya que Dios las usa para desarrollar madurez en tu vida, semejante a la de Cristo. Prepárate para ser presionado a que regreses al consumo u otras adicciones, hacer insultado, despreciado y sufrir persecución debito a tu compromiso con Jesucristo, y tu fidelidad a ser obediente a la

Palabra de Dios. Si tienes que padecer por causa de la justicia, serás bienaventurado. **Mateo 5:10-12.**

4- Tu practica

Establece y mantén normas bíblicas que te animen a ti y a tus hijos (si tienes) a practicar la santidad. Identifica los rasgos divinos que necesitan ser desarrollados en ti, además de las responsabilidades y actividades bíblicas y actividades bíblicas correspondientes que demuestren la semejanza de Cristo. **Gálatas 5:22-23.**

1- Lo que debes hacer (una lista de ejemplos)

Como Hijo de Dios debes:

- Amar a Dios de todo corazón, respondiendo de manera amorosa a Su Palabra, a pesar de cómo te sientas.
- Adorar al Señor, tanto individualmente como en compañía de otros creyentes.
- Guardar la unidad del cuerpo de Cristo.
- Estudiar y memorizar la Palabra de Dios.
- Recibir y entender (tomar en serio) la reprensión y corrección del Señor.
- Corregir con mansedumbre a los otros creyentes. Restaurar con el Señor y con los demás a las personas que están atrapadas en el pecado, y ayudarles a volver a ser de provecho en el cuerpo de Cristo.

- Ser honesto y veraz. Habla de una manera que edifique a los demás, lo que incluye devolver una bendición cuando se te insulte.
- Ser pacificador y vivir en paz con los demás. Reconcíliate con cualquier persona que tenga algo en tu contra.
- Negarte a ti mismo y considerar a los demás como superiores a ti mismo.
- Hacer tu trabajo y todo lo que hagas, de buen ánimo, como para el señor.
- Ejercitar el dominio propio y disciplina.
- Perdonar de corazón a cualquier persona que ha pecado en tu contra, y estar listo a otorgar perdón al que te lo pida.
- Practicar el amor bíblico con todos.

TALER DE REPASO

Con tus propias palabras, escribe el significado de **Gálatas 5:22-25**

Has un ensayo de lo que pudiste aprender en esta lección

TEST DE EVALUACIÓN PERSONAL

Neuro Educador:

____

Estudiante:

____

Como están sus áreas:

Espiritual (relación con Dios)1 ___ 2 ___3 ___ 4 ___ 5 ___ 6 ___ 7 ___ 8 ___ 9 ___ 10 ___

Observaciones:

____

____

Psicológica (control de las emociones) 1 ___ 2 ___3 ___ 4 ___ 5 ___ 6 ___ 7 ___ 8 ___ 9 ___ 10 ___

Observaciones:

____

____

Física (Enfermedades) 1 ___ 2 ___3 ___ 4 ___ 5 ___ 6 ___ 7 ___ 8 ___ 9 ___ 10 ___

Observaciones:

____

____

Intelectual (capacitación) 1 ___ 2 ___3 ___ 4 ___ 5 ___ 6 ___ 7 ___ 8 ___ 9 ___ 10 ___

Observaciones:

____

____

Sentimental (Relación conyugal) 1 ___ 2 ___3 ___ 4 ___ 5 ___ 6 ___ 7 ___ 8 ___ 9 ___ 10 ___

Observaciones:

____

____

Social (relaciones interpersonales) 1 ___ 2 ___3 ___ 4 ___ 5 ___ 6 ___ 7 ___ 8 ___ 9 ___ 10 ___

Observaciones:

____

____

Laboral 1 ___ 2 ___ 3 ___ 4 ___ 5 ___ 6 ___ 7 ___ 8 ___ 9 ___ 10 ___

Observaciones:

____

____

Judicial (Antecedentes Judiciales). Sí ____ No____

Observaciones:

____

____

Familiar (relaciones familiares) 1 ___ 2 ___ 3 ___ 4 ___ 5 ___ 6 ___ 7 ___ 8 ___ 9 ___ 10 ___

Observaciones:

____

____

CONCLUSIÓN
LA CONCIENCIA Y EL CONOCIMIENTO

Al andar según el espíritu y escuchar la voz de la conciencia, debemos recordar que la conciencia está limitada por el conocimiento que tenga. Nuestra conciencia es el órgano con el que distinguimos el bien y el mal. Distinguir significa tener conocimiento. El conocimiento o la capacidad para distinguir entre el bien y el mal no son igual en todos los creyentes. Algunos tienen más conocimiento que otros, lo cual se debe a que las circunstancias personales varían en cada caso, y quizás las lecciones aprendidas también varíen.

Por eso, no podemos medirnos según los parámetros de otra persona, y tampoco debemos esperar que otros vivan conforme a la luz que nosotros recibimos. En la comunión entre el creyente y Dios, un pecado desconocido no afecta la comunión. Si el creyente anda según la norma que conoce, es decir, obedeciendo lo que él sabe que concuerda con la voluntad de Dios y rechazando lo que es rechazado por Dios, puede tener una comunión plena con Dios.

Un creyente joven siempre piensa que debido a su falta de conocimiento no puede agradar a Dios. Por un lado, el conocimiento espiritual tiene gran valor, pero por otro, la falta de conocimiento no impide la comunión con Dios. En la comunión de Dios con el hombre, a Dios le interesa nuestra actitud con respecto a Su voluntad, y no le preocupa cuánto sepamos de Su voluntad. Si nuestra actitud es buscar Su voluntad de una manera sincera, y si deseamos verdaderamente llevarla a cabo, la presencia de los pecados de los que aún no estamos conscientes, no nos hará perder nuestra comunión con Dios ni la limitará. Si nuestra comunión con Dios dependiera de Su santidad, ninguno de los santos más sobresalientes de la historia hasta nuestros días, sería apto para tener comunión con El ni por un momento.

Más aún, todos serían expulsados de Su presencia y de la gloria de Su poder. Los pecados de los cuales no estamos conscientes han quedado cubiertos por Su sangre preciosa.

Desde otro punto de vista, si estamos conscientes de algún pecado, aunque sea pequeño, y lo toleramos aun cuando ya fue condenado por la conciencia, automáticamente perderemos nuestra comunión con Dios. Así como una pequeña basura en el ojo nos impide ver y nos causa dolor, un pecado del cual estemos conscientes, no importa cuán pequeño sea, impedirá que veamos el rostro sonriente de nuestro Dios. Cuando nuestra conciencia es acusada, inmediatamente se afecta nuestra comunión. Un pecado puede permanecer con el creyente por muchos años, pero mientras él no esté consciente de ello, la comunión con Dios no se interrumpe. Pero tan pronto llegue la luz (el conocimiento), la conciencia lo condenará; y mientras ese pecado permanezca, la comunión de ese día se habrá perdido.

La comunión de Dios con nosotros depende del estado de nuestra conciencia. Si creemos que un pecado específico, que ha permanecido por muchos años sin impedir la comunión, puede continuar así y no causar daño, nos engañamos a nosotros mismos y somos muy necios.

Esto se debe a que la capacidad que la conciencia tiene para condenar está supeditada a la luz que recibe. La conciencia no puede condenar ningún pecado que no sepa que es pecado. A medida que crece el conocimiento del creyente, su conciencia también crece; y cuanto más conocimiento tiene, más pecados condena su conciencia. El creyente no tiene que arrepentirse de nada que aún no conozca, y tampoco debe esforzarse por descubrirlo, siempre y cuando obedezca sin reservas aquello que conoce. "Pero si andamos en luz", es decir, si nos regimos por la luz que recibimos, "como Él está en luz, tenemos comunión unos con otros, y la sangre de Jesús Su Hijo nos limpia de todo pecado" (aunque no estemos conscientes de muchos de ellos, 1 Jn. 1:7). La luz de Dios es ilimitada, y El anda conforme a Su luz ilimitada.

Pero la luz que nosotros poseemos es muy limitada; sin embargo, debemos caminar conforme a esta luz. Sólo así podremos tener comunión con Dios, y sólo así la sangre de Jesús Su Hijo nos limpiará de todos nuestros pecados. Tenemos pecados que todavía no han sido eliminados, pero si todavía no estamos conscientes de ellos y si todavía no hemos sido iluminados por la luz, podemos tener comunión con Dios. Recordemos que, aunque la conciencia es muy crucial, no determina la medida de nuestra santidad, porque depende del conocimiento. Cristo es la única medida de nuestra santidad. Pero en nuestra comunión con Dios, la única condición es que mantengamos una conciencia libre de toda acusación. Sin embargo, después de someternos por completo a la guía de la conciencia, no debemos pensar que ya somos perfectos. Una buena conciencia sólo nos dice hasta donde llegue nuestro conocimiento que hemos logrado lo que debíamos.

"Sin drogas es posible llevar una vida de éxito, pero con drogas lo que si podemos llevar es una vida de fracaso".

José G. Velandia Lozano

www.josevelandia.online

Neuro Institute Transformation

josevelandia.edu@gmail.com

(+57) 323-832-5863

Made in the USA
Middletown, DE
04 February 2025